キャリアストーリーをポートフォリオで実現する

鈴木 敏恵

日本看護協会出版会

# はじめに

## キャリアとは"大切な何か"を未来へ運ぶこと

　キャリアということばに、あなたはどんなイメージを抱きますか。かつて私はこのことばになんとなく抵抗がありました。それは、みんなが似たようなスーツに身を包み、型にはまった採用面接に向かう没個性的なイメージをもっていたからです。今は違います。キャリアということばに、誇りある人生を自分の足で凛々しく歩む人の姿が浮かびます。

　キャリアの語源は、ラテン語の"carraria"、馬車などの轍。馬車を降りて来た道をふりかえれば一筋の軌跡がみえるように、自分がたどってきたさまざまな経験やシーンはバラバラに存在しているようでいて、実は自分の意志という一本の糸で貫かれていると気づきます。過去から現在まで続けてきた仕事や経験がキャリアなのだと、今の私はとらえています。"続けてきた"ということは、大切にしてきた何かがあったからでしょう。つよい思いも、生きることへの誠実さも、そこにあるように思います。

　キャリアとは、過去から現在そして未来へと、大事な何かを自分の内に静かに運ぶことではないでしょうか。世界でただひとつの、その人だけの「キャリアストーリー」がそこに燦然と輝いています。

## ストーリーで語り、ストーリーで聴く

　ストーリーには主人公がいます。ストーリーには過去、現在、未来の時が流れています。主人公は何かをみたり、聞いたり、どこかへ出かけたり、わくわくして夢中で駆け出したりします。いろいろな出会いをし、経験を重ね、壁にぶつかって悩み、壁を越えて達成感を感じ、また次をめざして成長していきます。

　人生という旅を生きるキャリアストーリーの主人公は、あなた自身です。その物語を紡ぐのも、あなたです。その旅には、決まったコースもルールもありません。どの道を通っても、めざすところへ行けます。めざす"そこ"は、みんなに共通する到達点ではなく、「あの方向へ行くんだ」という自分の意志に根ざしたベクトルを意味します。誰かと先を競うこともありません。行き先もペースも、一人ひとりすてきなほどユニークで異なっているのです。

私たちは夢や願いを胸に抱いて人生という旅へ出ます。夢をかなえるために、同じ夢やビジョンをもつ人や、それをかなえる場所を求めて、自分が大切にしている何かをストーリーにして語ります。語るだけではなく、ていねいに聴くときもあります。大切にしたい人に出会ったとき、それは恋人や自分が守りたい人や家族や子どもたちかもしれませんが、その人の語ることや見せてくれるものを、断片ではなく、大きなストーリーを形づくる大事な要素として静かに耳を傾けるのです。ストーリーで語り、ストーリーで聴くことを繰り返して、私たちは日々を紡ぎ、人生の旅を続けます。

## 夢はやすやすとかなわない

　自分らしいキャリアストーリーを描き、それを実現したいという願いをかなえてくれるのが、ポートフォリオです。ポートフォリオは、建築家やデザイナーがもっている作品集です。私もデザイナーとして、自分のポートフォリオをもっています。自分の願いをかなえるために、ポートフォリオを活かしてきました。私のポートフォリオの最初のページには、「これを大切に、未来によいものをつくり出す」という手書きの文字が花びらのようにデザインされて入っています。その目標を実現したくて、仕事を続けてきました。何かをすれば何かが生まれ、何かを経験すれば何かを得ます。それをポートフォリオのなかにていねいにすくいとりながら、キャリアを紡いできました。

　「キャリアを紡ぐ」ということばにはロマンチックな響きがあります。けれど、私の描くキャリアストーリーはシビアな現実のなかにあり、そうやすやすと願いはかないません。こうでありたいという願いと、自分がもっている能力や知識という現実のあいだには大きなギャップがあって、途方に暮れて肩を落とすこともありました。かっこよく振る舞いたいのに、自分の慢心のせいでプライドが傷つくこともありました。自分のポートフォリオをあらためてめくってみると、達成感というものはそう簡単に味わえないことがよくわかります。けれど、自分に誇りを感じます。なぜなら、ポートフォリオをみれば、懸命に歩いてきた自分がたしかにいる、からです。

　今日まで私は、ポートフォリオに何かを入れ、ページをめくり、自分がやってきたことを語り、夢をかなえてきました。うまくいったことも、いっこうに前に進まなかったことも、私は自分のことばで語ることができます。私の夢をかなえてく

れたのは、学歴でも人脈でもなく、自分がこれまでやってきたことがぎっしり入っている私のポートフォリオなのです。

　自分の可能性を社会に知ってもらうのに、紙一枚の経歴書より、ポートフォリオははるかに私の力になってくれました。あなたも就職活動でエントリーシートを書くときやチャンスにつながる面接の場面にポートフォリオをつかうと、きっとよい結果に結びつくでしょう。

## さあ、キャリアポートフォリオで未来を描こう

　ポートフォリオを自分の人生のそばにおいて20年以上が経ちました。最近になってあらためて実感したことがあります。ポートフォリオは自分の成長への意欲をかき立ててくれること、そして人生に意味を与えてくれることです。

　自分がやったことや経験を自分のことばにして語ることの大切さを実感しています。ポートフォリオをめくりながら、ことばにしてプロセスをストーリーとして語るとき、「これがあったから、次にこれができたんだな」と実感し、これからもしっかり現実に向き合っていこうという力が湧きます。

　キャリアをデザインする、キャリアアップする、とは、スマートなキャリアコースを行くことでも、輝かしいキャリアや社会的なポジションの上昇を意味するのでもなく、自分がもってうまれたよさを活かし、自分の描いた未来の方向へ向かって自分で成長していくことを意味するのです。

　人生は一人ひとり見事に違います。一人ひとりの夢をかなえるキャリアストーリーには正解もモデルもありません。そこで力になるのは、自分の身近にあって、自分の考えたことや行動したこと、経験したことや気づいたことが入っている自分のポートフォリオです。成長するためには、もって生まれた自分の資質を自覚し、自分の思考や行動や感情をつねに客観的にみることが必要です。ポートフォリオはここに存在の意義があります。

　さあ、あなたもポートフォリオづくりをスタートさせ、世界でひとつのあなただけのキャリアストーリーを描き、人生という旅に出かけてみてください。

　自分の人生にいかに意味を見出せるかが旅の最大の収穫なのかもしれないと考えるようになった私から、これから旅に出ようとするあなたへ、この本が旅立ちのささやかなプレゼントになれば幸いです。

著者

# 目次

はじめに ─────────────────────────── iii

序　章　キャリアストーリーを生きるために ─────── 1
　　　　キャリアをストーリーで紡ぐ
　　　　ポートフォリオとは
　　　　ポートフォリオの機能性を活かして

第1章　ストーリーをつくるポートフォリオの8つの機能 ─── 7
　1．ポートフォリオの基本 ─────────────── 8
　　　　目標達成をかなえるツール
　　　　ポートフォリオづくりの手順とポイント
　2．8つの機能を理解する ─────────────── 18
　　　　未来へ意志をもって向かうために
　　　　機能1　意識化
　　　　機能2　一元化
　　　　機能3　俯瞰
　　　　機能4　可視化・顕在化
　　　　機能5　価値化
　　　　機能6　行動化
　　　　機能7　評価・フィードバック
　　　　機能8　ストーリー化

## 第2章　自分をみるコーチング──リフレクションとリフレーミング　35

1. セルフコーチングを身につける ─── 36
    自分との対話を習慣にする
    上手な問いかけで気づきを促す
    ポートフォリオの活用でコーチング力を上げる
    セルフコーチングの目的を明確にする
    セルフコーチングの視点とポイント
    セルフコーチングの実際

2. 2つのコーチング手法──リフレクションとリフレーミング ─── 48
    リフレクション──自分の思考と行動をつぶさに追う
    未来の自分がコーチする──ゴール地点からのリフレクション・コーチング
    リフレーミング──見方を変えてみる
    リフレーミングで課題解決力を高める

## 第3章　4つのキャリアシーンとポートフォリオの活用　57

1. キャリアストーリーとは ─── 58
    ストーリーを描き、ストーリーを生きる
    自分らしいキャリアストーリーとは
    自由に、のびやかにストーリーを描く

2. 4つのキャリアシーンとは？──自分は今どのシーンに立っているのか　64

3. 一段一段のシーン──1段ずつ成長を重ねていく ─── 66
    「一段一段のシーン」に活かすポートフォリオ
    「一段一段のシーン」におけるセルフコーチング

4. 挑戦のシーン──自分の意志でつねにチャレンジする ─── 72
    「挑戦のシーン」に活かすポートフォリオ
    「挑戦のシーン」におけるセルフコーチング

5. 選択のシーン──分岐点に立って決断する ─── 78
    「選択のシーン」に活かすポートフォリオ

「選択のシーン」におけるセルフコーチング
6. 復帰のシーン ── 休止期間をポジティブに活かす ──────── 84
   「復帰のシーン」に活かすポートフォリオ
   「復帰のシーン」におけるセルフコーチング

## さあ始めよう　キャリアポートフォリオ実践シート集 ─────── 91
パーソナルポートフォリオをつくろう！
ゴールシート
ニーズとシーズを理解しよう
『ニーズとシーズ』シート
「キャリアプラットフォーム」のつかい方
キャリアプラットフォーム
１年間の『成長エントリー』シート(1/2、2/2)
プロセス思考モデル
『プロセス思考』シート

## あとがきにかえて ───────────────────────── 105

# 序章

## キャリアストーリーを生きるために

## キャリアをストーリーで紡ぐ

　どんな物語にも全体を貫くテーマがあります。作者が最も伝えたいことや大事にしたいことが主題となって、それがろうそくの芯のように物語のすべてのシーンに貫かれています。

　テーマのもとに、個々のシーンが全体としてひとつのストーリーをなしています。主題の展開がストーリー全体の魅力であり、そこには作者ならではのテイストも醸し出されます。

　人は誰も世界で一つの物語を生きる主人公です。仕事や経験というキャリアを自らの意志で一つひとつ積み重ね、ストーリーは紡がれていきます。

　そのキャリアストーリーにおいて、あなたが最も大切にしたいことは何でしょうか。収入や社会的ポジションでしょうか。それとも、自分のもっている資質や能力を思いきり発揮して活躍したいという望みでしょうか。あるいは、どんな状況でも学び続ける自分でいたいという願いでしょうか。

　自分の未来のキャリアを考えるときにも、キャリアストーリーの全体を貫き、わくわくするような未来に誘う、ろうそくの芯のようなコアが必要でしょう。それは、「自分自身に何を求め、何を大切にして生きていきたいのか？」という自らの問いに対する、自分ならではの答えであり、ビジョンといえるものです。

　その問いに答え続けようとする意志を支えるのが、ポートフォリオです。

## ポートフォリオとは

　教育や人材育成、採用面接、目標管理において、ポートフォリオが注目されています。

　ポートフォリオとは、書類などを綴じまとめたもののことで、テ

ーマや目的をもって、それに関連するものをひとまとめにしたものをいいます。デザイナーや建築家などが自分の手がけた仕事や作品を綴じた作品集も、ポートフォリオと呼ばれています。つくりあげた作品集は、自分の個性や才能、可能性を具体的かつ効果的に伝えるためのツールとなりますが、ポートフォリオが注目されているのは、その働き以上に意義深い機能を備えているからです。

　教育界でポートフォリオが注目されているのは、学習の結果だけではなく、そこに至る思考過程がみえるからです。ポートフォリオの魅力はまさしく、価値ある何かが生み出されていくプロセスがみえ、それを追えるところにあります。目標やテーマに関連するものを次々にファイルに入れていくという、実にシンプルで簡単なプロセスのなかに、ポートフォリオの大きな力が隠されているのです。

　ポートフォリオを活用することで、ペーパーテストなどではわからない学習者の取組みや態度、成長ぶりがみえてきます。それがわかれば、タイムリーに適切な支援をすることも可能です。学習者本人にとっても、自分の学びと成長をポートフォリオでつねに確かめることができ、自ら学ぶ意欲やモチベーションが高まります。この効果によって、受け身ではない、主体的な学びを促進できるしかけとして、ポートフォリオは注目されているのです。

　ポートフォリオがあることによって、みえなかったものがみえるようになり、自分の成長を実感しながら、めざすところへ自分の意志で向かっていけるようになるのです。

## ポートフォリオの機能性を活かして

　ポートフォリオは、自分がやってきたことを「入れる」ものです。それを「めくり」ながら「みる」ことで、そのときには気づかなかった価値あることを発見できます。「入れる」だけでなく「めくる」そして「みる」という一連の行為に、ポートフォリオの高機能性がかくされています。

　「入れる」は、文字どおり、自分で目標を設定し、そこへ向かう過程で生まれてくるものを、日付を入れ、時系列に、次々に透明のポケットファイルに入れていくことです。

　「めくる」は、ふくらんでいくポートフォリオをめくり返しては、みることです。

　この「入れる」と「めくる」をどう繰り返していくかによって、ポートフォリオの活用効果に大きな差が出ます。ポートフォリオの導入は広がっていますが、ファイルにただ「入れる」だけでは、本来もっている機能を発揮させることはできません。シンプルなツールであるからこそ、そのつかい方が鍵になるのです。「入れる」「めくる」の繰り返しのなかに「気づく」が組み込まれるようになってはじめて、ポートフォリオを価値あるツールとして活用できたといえます。

　まずはポートフォリオがもっている機能を頭に入れて、それを働かせることを意識しながら、「入れる」「めくる」「気づく」を積み重ねていきましょう。そうすることで、学習者のモチベーションが向上するなどの実証済みのポートフォリオの効果を、自分のものとして実感できることでしょう。

　では、ポートフォリオをあなたのキャリアストーリーに活かすために必要なことを、順を追って確認していきましょう。

## ポートフォリオで、みえなかったものがみえてくる

- 自分の経験がみえる
- 自分の考えや感情がみえる
- 自分のよさがみえる
- 自分のコア・コンピテンス（切り札）がみえる
- 自分の可能性がみえる
- 自分のビジョンや目標がみえる
- 目標に向かう自分の行動がみえる
- ゴールへの課題解決プロセスが現在進行形でみえる
- そのときの自分の心の状態がみえる
- 自分の成長がみえる

# 第1章

## ストーリーをつくる
## ポートフォリオの8つの機能

---

　キャリアストーリーの実現にポートフォリオが有効な理由は、その機能にあります。ポートフォリオを成功させる秘訣もここにあります。ポートフォリオの基本を、8つの機能をふまえて理解しましょう。

# 1 ポートフォリオの基本

## 目標達成をかなえるツール

　目標に向かうプロセスを1冊のファイルに入れていくポートフォリオは、夢やビジョンをかなえるツールです。

　つかいみちは、多様です。長期的なビジョンの遂行にも、短期で結果を求められる課題解決にも活用できます。個人や組織におけるプロジェクトで、知的成果物としてのアウトカムを生むことにも活かせます。

　つかえるシーンもさまざまです。教育や学習、就職や転職、資格取得やスキルアップなど仕事をしていくうえでのさまざまなステージのほか、健康管理などにもつかえます。

　この本では、ポートフォリオを生涯にわたるキャリアに活用することを提案します。

　自分を活かして充実したキャリアを積み重ねるためには、まず自分を「知る」必要があります。「知る」ためには、自分を「みる」ことが必要です。ポートフォリオは、自分をみて、自分を知り、自分を活かしていくことができるツールです。

　ポートフォリオには目標に向かう過程で手に入れた情報やひらめいたアイディアのメモなどが次々に入っていきます。それをめくりながら気づいたり考えたりする。その一連の行為をとおして、ゴールに向けた現実的な道筋を現在進行形でみせ、目標に向かう意志をゴールまで全うさせてくれるのが、ポートフォリオなのです。

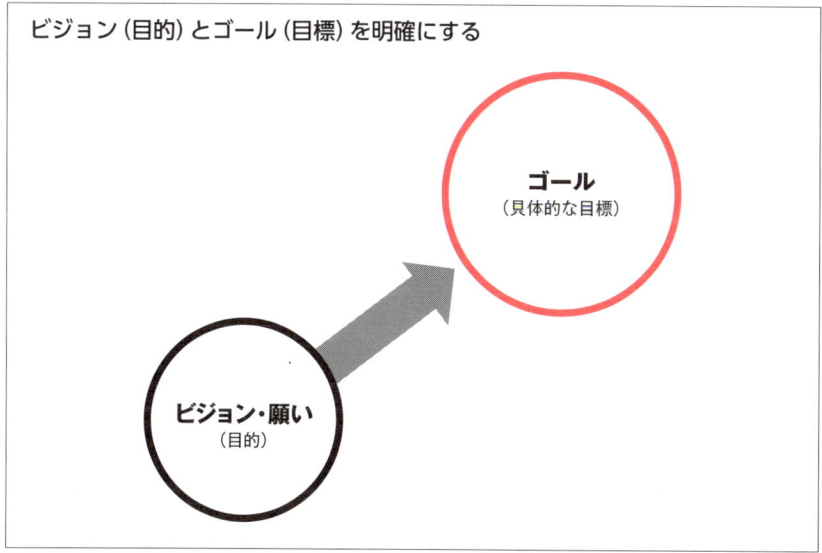

目的とは……「何のために」
目標とは……「何をやりとげたいのか」
ビジョンとゴールが明確になっていれば、向かいたい道の全容がみえます。

## ポートフォリオづくりの手順とポイント

　ポートフォリオの目的は、保存ではなく活用。
　ポートフォリオは、過去の記録を集めて保存しておくためのものではありません。ゴールへ向かう過程で生み出されていくものを、未来に向かって入れていくものです。
　いいかえれば、ポートフォリオはつくるものではなく、生まれていくものだといえます。
　使用するファイルは、何でも入り、中身がみえる透明ポケットが綴じられたA4判のクリアポケットファイルが最適です。
　では、つくり方の手順とポイントを確認していきましょう。

手順

① 1ページ目にゴールシートを入れる

　ファイルの1ページ目にゴールシートを入れます。

　「こうありたい」という「ビジョン（目的）」と、その実現に向けた具体的な目標である「ゴール（目標）」を書きます。

　ビジョンを胸に抱くにとどめず、簡潔な1文にして、太いペンでゴールシートにはっきりと書きます。具体的なゴールも同様に1文にして書き出します。

　「何のために、何をやりとげたいのか」を明確にすることから、ポートフォリオづくりが始まります。

　ゴールシートは、ポートフォリオを手にとるたびに目に入るので、ビジョンとゴールを見失わずに、ゴールまでの道のりを見定めながら向かうことができます。

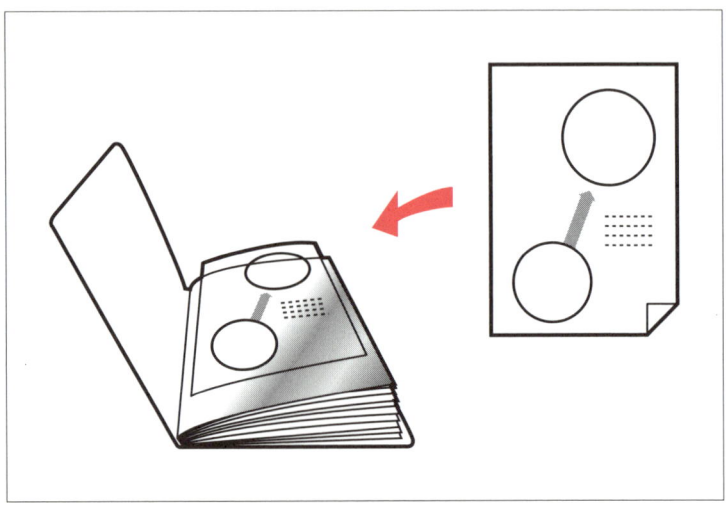

ゴールシートをファイルの1ページ目に入れる

1 ポートフォリオの基本

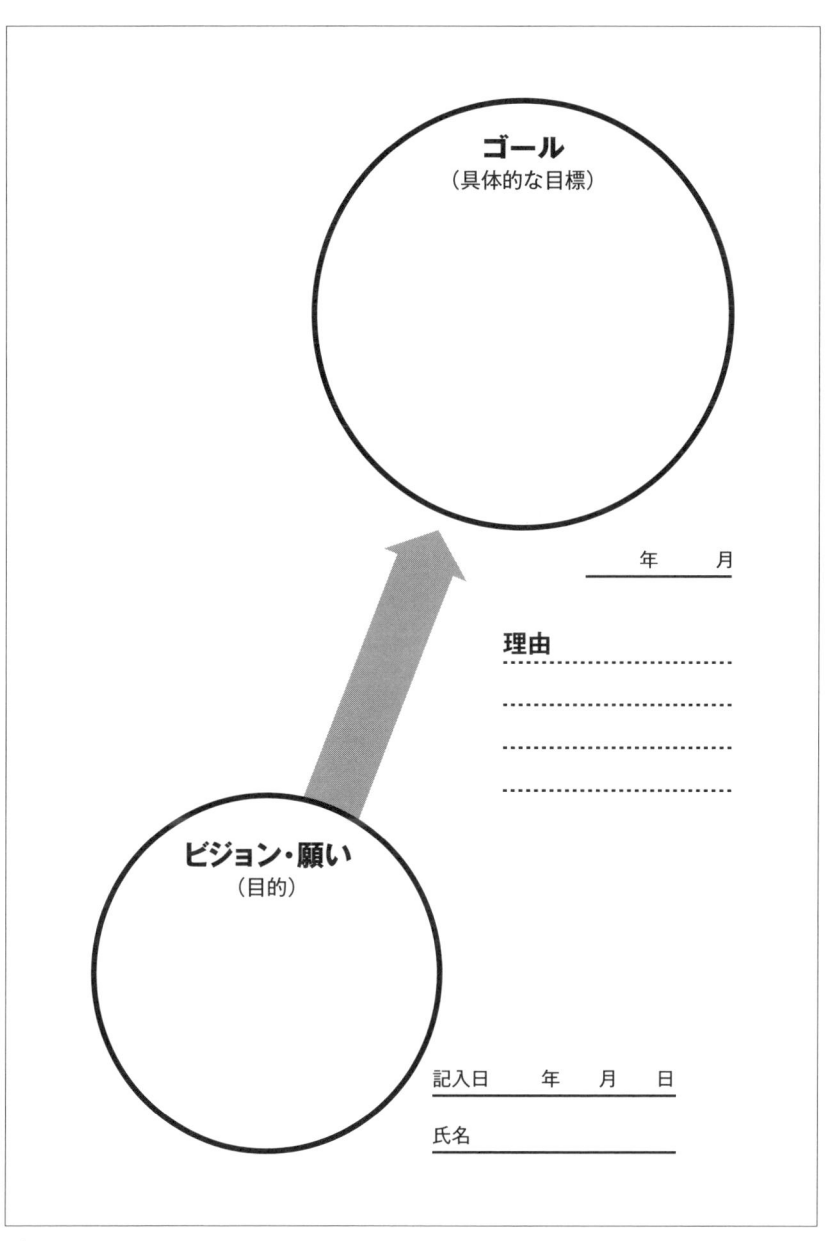

ゴールシート

②日付を入れ、時系列に入れていく

　入れるものには必ず日付を記入して、前から順に時系列に入れていきます。そうすることで、ゴールまでのプロセスを確実に追うことができます。

　手に入れた情報には出典や誰からもらったものかなどもメモしておきます。ポートフォリオには根拠あるものが入っていることが肝心です。

③何でも入れていく

　仕事や研究の成果、学習や仕事の履歴、手に入れた資料や情報、気づいたことや感じたことのメモなど、何でも入れていきます。写真や手紙、もらったプレゼントの包装紙など、そのときの気づきや気持ち、エピソードが浮かぶモノも入れるとよいでしょう。

　あとになってからポートフォリオをめくるうちに気づいたことや考えたことも付箋などにメモして、そのページに添えておくのも有効です。そのときの思考や感情がみえてくるようなポートフォリオになるのが理想です。

④つねに目にとまり、手にとれるところに置く

　「入れる」「めくる」を意識化してポートフォリオを活用していくために、つねに目にとまり、手にとれるところにファイルを置いておきます。

⑤ファイルがふくらんでいくのを楽しむ

　ポートフォリオは業務日誌ではなく、未来へ向かってふくらんでいくファイルです。めくっていると、それだけでわくわくしてうれしい気持ちになるように、自分らしい色づかいやシール、付箋などをつかって創意工夫しながらつくるとよいでしょう。

## ⑥静かにふりかえる時間をもつ

忙しく活動している時間のなかに、自分と静かに向き合い、ふりかえる時間を確保することが大切です。走り続けているばかりでは、自分をふりかえることができません。

1週間の終わりに必ずポートフォリオを開くといったサイクルを自分で決めて、手にとってめくることを習慣にします。

## ⑦セルフコーチングしながらめくる

ポートフォリオをめくって自分と向き合うときには、セルフコーチングをしながら自分に問いを投げかけ、気づきや発見を促します。

---

**COLUMN**

### ポートフォリオに入れるかどうか迷ったら……

ポートフォリオに入れるかどうかに迷うことがあるかもしれません。

迷うのは、それがあなたにとって心にとまる経験だったからでしょう。「入れておこうか……」と少しでも心が動いたなら、ためらわずに、ぜひ入れておきましょう。そのときには、その経験の意味や価値はわからなくとも、あとになってポートフォリオをめくり返して、その深い意味にはっと気づくこともきっとあるでしょう。

---

**COLUMN**

### よいポートフォリオとは

よいポートフォリオとは、どんなものをいうのでしょうか。

きれいに整理され、みた目が美しいポートフォリオがよいとはかぎりません。輝かしい経歴だけを選びとってつくったものでもありません。

よいポートフォリオとは、眺めているだけで自分という存在が愛おしくなり、その自分を夢の実現に向けて活かしたくなってくるような、"その気にさせる"ポートフォリオです。

## 「キャリアポートフォリオ」に入れる A・B・C

### A.「専門・スキル・研究・経験」がわかるもの
………… 取得資格などが証明できるもの
………… 資格やスキルを発揮したシーン
………… 資格やスキルを発揮し成果に結びついた経験がわかるもの
………… 自分の研究テーマに関するもの

### B.「人間性・社会性・挑戦心・自らを変化させる力」がわかるもの
………… 誰かといい顔で話している写真
………… 新しい環境でいい顔をしている写真
………… 信頼されて任された実績
………… 自らの利益に直結しない活動などがわかるもの
………… 地道、継続性、コツコツの姿勢がわかるもの
………… 新しいことへのトライの軌跡がわかるもの

### C.「才能・感性・もち味・得意」がわかるもの
………… 手がけてきた作品
………… あたためてきた企画
………… 大切にしていること・もの
………… 好きなこと・もの
………… 評価された成果など

COLUMN

### 「好き」と「みる」の関係

　人には、好きなもの、愛するものを「みる」という習性があります。関心のあるものにも視線が向きます。「みる」ということは、「好き」と大きく関係しているようです。たとえば、わが子の運動会。親は大勢の子どもたちのなかから、わが子をすぐにみつけ出せます。

　自分でポートフォリオをつくり、それをみることは、ありのままの自分をみつめることです。みられているということは、大切に思われているということ。自分のポートフォリオをみることは、自分に愛を注ぐことでもあります。自分を「いい」と感じ、自分をありのまま受け入れる力を与えてくれます。

COLUMN

### あなたをリアルに伝える質感を活かそう

　1枚の履歴書では伝えきれないあなたがポートフォリオのなかに入っていますか？

　たとえば、紙の切れ端に走り書きしたあなたのメモ。その文字の勢いやくしゃくしゃの紙の存在感から、そのときのあなたがリアルに浮かび上がってくるはずです。エピソードを彷彿とさせるあなたの笑顔の写真や、もらったプレゼントのリボンや包装紙が入っているのもすてきです。ポートフォリオを眺めるだけで、そのときの状況や気持ちまで鮮やかに再現されることでしょう。

　手触り、質感、色、大きさの多様さは、エピソード記憶の手がかりとなって、記憶をより鮮明によみがえらせてくれます。ポートフォリオのファイルは、モノとして現実にあり、質感を手と目で実感できる特長を備えています。

## ポートフォリオの中身の例

☐ゴールシート
☐目標までのプロセス全体がみえる計画表、キャリアプラットフォーム
☐自分の行動や活躍がわかるもの(写真・記事)
☐自分が生み出した作品・成果物
☐自分が考えたことのメモや記録
☐自分の気持ちや感じたことのメモ
☐手に入れた情報(資料、論文、記事の切り抜きなど)
☐エピソードを彷彿とさせる写真、手紙
☐研修歴、研究歴
☐読書歴、キャリアの履歴
☐推薦状
☐資格証明書　など

COLUMN

**無我夢中の瞬間はログできないけれど……**

　ポートフォリオは、思考・感情・行動の記録（ログ）ともいえます。

　どんな記録ツールであれ、それらの一部始終をもらさず記録しておくことは現実にはできません。ビデオカメラで24時間の音声と映像を記録したとしても、その人が何を聞き、何をみ、何を考え、何を思って、それが行動につながったのかまではわかりません。

　自分で記録するにしても、たとえば感動の瞬間や堪え難いショックの瞬間に、それを書きとめておくことはできません。無我夢中で仕事に集中しているときなども同様です。ピークのシーンをそのまま記録に残すことは、おそらく不可能なのです。

　それでも、「今日はタイヘンな1日だった！」という走り書きがポートフォリオにメモして入れてあれば、その筆圧やペンのタッチなどから、その瞬間をリアルに思い起こすことができます。

　メモ1枚やたった1行のことばでも、価値あるログになるのです。

## 2 8つの機能を理解する

### 未来へ意志をもって向かうために

　ポートフォリオの機能を理解して、それを余すところなく活かすつかい方を実践できるようにすることが、キャリアストーリーを描くためには大切です。

　キャリアストーリーにおけるポートフォリオは、人としての知的成長を実現するためのツールです。

　知的成長とは、自分がもっているものや自分をとり巻いている情報や知識を「知」に転換していく学びを、自律的に継続できることであるといえるでしょう。

　その力となるのは、何でしょうか。

　それは、成長したいという自らの「意志」です。意志の"意"は、目にふれるものや出合うシーンから意味を見出すことであり、"志"は、未来に凛として向かう自分をもつことといえます。

　意志があれば、人は与えられた学習機会にかぎらず、あらゆる機会、あらゆることから学び、成長の糧にしていくことができます。自分はどう生きたいのか、どうありたいのかを考え、未来へのストーリーを自分で描き、それを生きていくことができるのです。

　ポートフォリオがもつ8つの機能が、自ら成長しようとする意志をもち続けることをかなえます。

2　8つの機能を理解する

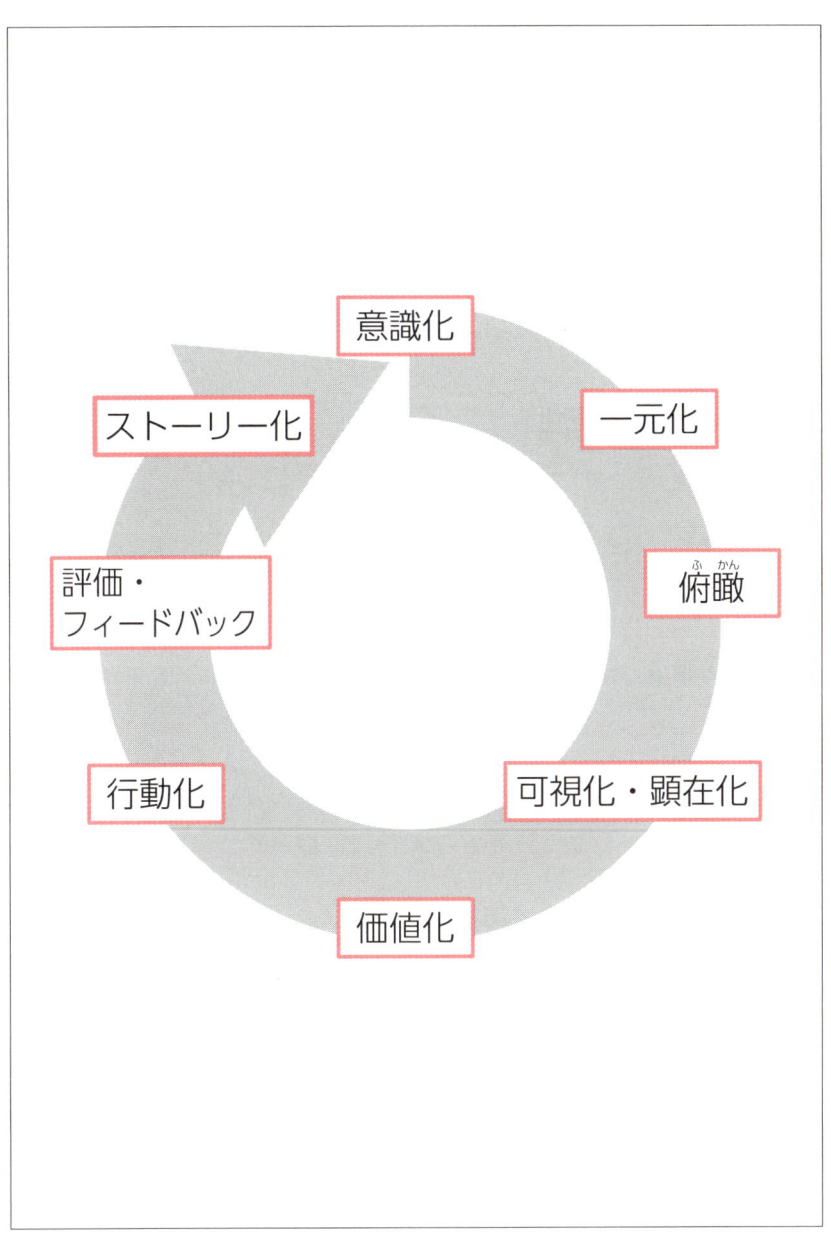

**ポートフォリオの8つの機能の連続性**

# ポートフォリオの8つの機能

### 機能1　意識化
- ビジョンとゴールを明確にする
- 課題発見のセンサーを研ぎ澄ます
- ゴール達成のクオリティを高める

### 機能2　一元化
- バラバラの情報を時系列につなぐ
- 根拠が明らかになる
- 拠りどころとなる

### 機能3　俯瞰
- プロセスを含めた全体がみえる
- 全体と部分の関係がみえる
- 思考特性、行動特性がみえる

### 機能4　可視化・顕在化
- 成果、成長がみえる
- 経験知、暗黙知、潜在知がみえる
- 課題がみえる

### 機能5　価値化

- 個々の関係性を見出す
- 経験に意味づけをしてとり込む
- 自己効力感や自尊感情が高まる

### 機能6　行動化

- 自律的に行動する
- トライ・アンド・エラーを促す
- 知のアウトカムを創造する

### 機能7　評価・フィードバック

- 行動に経験としての価値を見出す
- 経験から学ぶ
- 学びと成長のサイクルをつくる

### 機能8　ストーリー化

- 過去、現在、未来を文脈でつなぐ
- オリジナルのストーリーを生きる実感をもつ
- 経験やそのときの感情に価値を見出す

## 機能1　意識化

- ビジョンとゴールを明確にする
- 課題発見のセンサーを研ぎ澄ます
- ゴール達成のクオリティを高める

　目標に向かってポートフォリオをつかい始めたときから、自分のやりたいことやそのために必要な能力やパフォーマンスに対して、それまで以上の関心と意識が向きます。**意識化**することによって、見過ごしていたことや無意識のうちに漫然とやってきたことにも目がとまるようになり、みえなかったものがみえてきます。

　ポートフォリオの1ページ目に入れる**ゴールシート**(p.11, 93)を書くことで、ビジョン(願い・目的)から未来に向かって伸びる先にみえるのがゴール(目標)であることが、頭のなかにイメージされます。それをことばで表現することによって、それまでぼんやりしていた「こうありたい」という願いと、それを現実にかなえるための具体的な目標が意識化され、頭のなかにつねに置かれることになります。

　ビジョンとゴールが明確であれば、ゴールまでの道のりが困難であっても、自分の足で一歩一歩進んでいこうという気力も湧きます。願いは意欲のエネルギーなのです。

　「今、自分はどこに立っているのか?」「何が足りていて、何が足りないのか?」の現状認識への意識も高まり、現状の自分とゴール地点の自分とのギャップから、クリアすべき課題を発見しようとするセンサーが働き始めます。

　全体像をおさえてセンサーを働かせることで、ていねいに情報を得ることもできます。それらを活かして何をどうするかなど、ディテールにまで配慮したクオリティ高い仕事への実現をかなえます。

## 現状を問うコーチングで課題を見出す

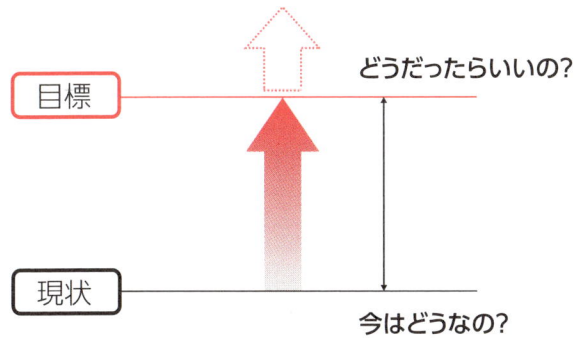

　目標にするということは、「今はそうではない」ということです。つまり、課題があるはずなのです。現状と目標のギャップが「課題」です。
　めざすゴールに到達するには、現状と目標を照らし合わせて課題を見出すことが必要です。そこで現状を問うコーチングをします。
「今はどうなの？」
「何ができていて、何がまだ足りないの？」
「どうだったらいいの？」
とセルフコーチングしながら、現状を的確にとらえましょう。

---

COLUMN

### 未来に思いを馳せよう

　「こんな仕事ができるようになりたい」「こうできる自分でありたい」とビジョンを描いてみることは、未来に思いを馳せること。心のまなざしを、過ぎた過去ではなく未来に向けているということです。「未来を思い描く」という姿勢をもつこと自体に価値があります。

## 機能2　一元化

- バラバラの情報を時系列につなぐ
- 根拠が明らかになる
- 拠りどころとなる

　ゴールに向かう道のりで生まれるものを、1冊のファイルにひとまとめにしていくのが、**一元化**です。自分で描くストーリーの素材やネタをバラバラにしておかずに、ひとまとめにしておくのです。

　ファイルの1ページ目には**ゴールシート**を入れ、入れるものには日付や出典などを記載し、時系列に前から順に入れていくのが原則です。時系列につながれた個々の情報の集約は、ゴールに向かう自分の根拠となり、拠りどころとなります。

　自分がしたこと、みたこと、考えたこと、感じたこと、気づいたこと、経験したこと、関心があること、手に入れたもの、もっているもの、もらったものなどが、次々に入っていきます。

　自分がもつ貴重な素材をこうしてひとつにまとめていくうちに、自分がやりたいことへの関心がいっそう高まります。

　関心は、ポートフォリオに入れるものへの感度を磨いてくれます。やりっぱなしにせずに、自分がしたことやもっているものを確かめる機会がつくられます。こうして、ゴールまでの道のりが現実味を帯びてきます。

　ふくらんでいくポートフォリオをみれば、愛着も湧いてきます。自在に、自分らしくつくっていけるリアルなポートフォリオへの愛着は、自分がやりたいことへの意欲をさらにかき立てます。

　意識化して一元化していくという一連の行為を、早い段階で日常的に習慣化することが大切です。

## 機能3　俯瞰

- プロセスを含めた全体がみえる
- 全体と部分の関係がみえる
- 思考特性、行動特性がみえる

　俯瞰とは、高いところに立って、離れたところから全体を一望のうちにみることをいいます。部分だけをみているときには、その全体像や、大事なもの、価値あるものがみえてこないものです。ポートフォリオをめくりつつみることで、ゴールに向かおうとする自分を離れたところから俯瞰することができます。

　俯瞰には、みえる範囲の広がりを意味する「場の俯瞰」と、時の流れの始まりから終わりまでを意味する「時の俯瞰」があります。

　時系列にふくらんでいくポートフォリオをめくって俯瞰することで、プロセスを含めたビジョンの全体がみえるだけでなく、全体と照らして部分の関係や関連がみえてきます。そこから、一つひとつの部分の意味や価値が浮きあがってみえてくるのです。

　ポートフォリオを俯瞰することによって、どんな出来事や情報が自分の思考や行動にどのような影響を与えたのかに気づくこともできるでしょう。自分の行動特性や、その行動を引き起こす思考プロセスやパターンなどの思考特性をとらえることも可能になるのです。

---

COLUMN

**考えるということは**

　ビジョンを実現する道のりには、正解やマニュアルはありません。自分で自分の未来を切りひらいていくには、多くの知識や情報を集めることが必要です。けれど、それ以上に大切なのは、自分の頭で「考える」こと。考えるとは、集めた知識や情報を自分の頭のなかで関連づけることです。ポートフォリオを活用して、より深く考えることを継続させましょう。

## 機能4　可視化・顕在化

- 成果や成長がみえる
- 経験知、暗黙知、潜在知がみえる
- 課題がみえる

　俯瞰することによって、それまでみえなかったものをはっきりと意識でとらえることが、**可視化・顕在化**です。

　自分がやったことや身につけたことが入ったポートフォリオを俯瞰してめくっていくことで、自分の成果や成長をたしかなものとして見出すことができます。

　ポートフォリオのなかに、自分の大切にしていることや好きなことが共通のキーワードでくくられて浮かび上がり、自分という存在がまるごとみえてきます。成果や成長の手ごたえは喜びとなり、未来へ向かってさらに成長していくモチベーションが高まります。

　ポートフォリオの優れた点は、結果だけでなく、そこに到達するまでのプロセスがみえる点です。自分のがんばりどころや、努力や工夫、状況にどう対応したのかが頭のなかで再現されることで、自分の経験知、暗黙知、潜在知を自覚し、それらを言語化して顕在化させることができます。

　現状を客観的に認識することで、すべきことが明確になり、ゴールに向けてクリアすべき課題をまっすぐにとらえることができます。ふくらんでいくポートフォリオの中身とゴールをつねに照らし合わせることで、「何が今できて、何がまだ不足しているのか」に自分で気づくことができるのです。

　現状と課題の正確な認識は、ゴールに向かう行動を戦略的にサポートするものです。

## 機能5　価値化

- 個々の関係性を見出す
- 経験に意味づけをしてとり込む
- 自己効力感や自尊感情が高まる

　ポートフォリオのなかに意味ある関係性を発見して、自分の経験に意味づけをし、それを価値あるものとして自分のなかにとり込むことが、**価値化**です。

　やったこと、考えたこと、感じたことの具体から意味や本質をつかみ、知識を知恵に換えることでもあります。自分を知り、再発見し、潜在力を発掘することにもつながります。

　ただ漫然とポートフォリオをめくっているだけでは、関係性もそこにある価値も発見できません。価値を見出そうと意識しながらポートフォリオをめくり、セルフコーチングで自分に問いかけをすることを習慣にするのが大切です。

　経験を自分のストーリーのなかに価値化できれば、自分の存在や生きていく意味、めざしているゴールの価値を認識することができ、自己効力感や自尊感情が高まります。

　自己効力感や自尊感情は、成長に向かう行動力にポジティブに作用します。

## 機能6　行動化

- 自律的に行動する
- トライ・アンド・エラーを促す
- 知のアウトカムを創造する

　自分のもっているものを俯瞰して顕在化できれば、さらにその先に自分という存在を現実に活かす**行動化**が可能になります。

　ゴールに向かって自律的に行動を起こすことが、そのひとつです。ゴール達成に向けた行動は、正解やモデルがあるわけではなく、思考錯誤、トライ・アンド・エラーの繰り返しから成り立ちます。実際にやってみては検証・評価し、うまくいかなければ違うやり方を工夫してみるという繰り返しをとおして、人は成長します。

　うまくいってもいかなくても、行動してこそ、その経験から学ぶきっかけを得ることができるといえます。ポートフォリオには自分がやったこと、行動したことが入っています。自分がやったことをみて確かめることができれば達成感や自信が湧き、次の行動への力となります。失敗を恐れず、自分を信じて、今自分がもっているものや可能性を現実に活かしてみることを、ポートフォリオが後押ししてくれるのです。

　ゴールをめざすすべてのプロセスが入ったポートフォリオを再構築し、他者や世のなかに役立つ何かを生み出す「知のアウトカム」の創造は、行動化の極みです。自分のもっている知を他者に役立つ何かに変えて生み出そうと意識しながら、ふくらんだポートフォリオの中身を並び替えたりするとき、客観性やメタ認知が働きます。そうして、自らの成長がさらに促されます。

## 機能7　評価・フィードバック

- 行動に経験としての価値を見出す
- 経験から学ぶ
- 学びと成長のサイクルをつくる

　ゴールに向かって実際に行動したことや考えたことをやりっ放しにせず、ていねいにふりかえり、そこから気づきを得て次のサイクルにつなげるのが、**評価・フィードバック**です。

　評価とは、点数をつけることや査定することではありません。価値を見出すことです。ポートフォリオで、自分の経験のなかに根拠（エビデンス）に基づいた価値を見出し、結果や部分だけでなくプロセス全体を評価することで、経験から学ぶサイクルをつくります。

　自分のなかのセンサーを研ぎ澄ませ、意識化、一元化、俯瞰、可視化・顕在化、価値化、行動化の一連の思考と行動を習慣化することで、あらゆることから自律的に学び、成長し続ける自分がつくられます。

　この世は、いわば知の果樹園。どんなことでも学びに変えて、成長の糧にしていくことができます。

---

COLUMN

**定期的にポートフォリオをめくって俯瞰しよう**

　半年に1回など定期的にポートフォリオをめくって俯瞰しましょう。キャリアストーリーを構想するとき、これからの自分のテーマを定めたいときなどに、ポートフォリオを初めのページからめくり返して俯瞰するのが有効です。もっと深く知りたいと思ってマーキングしておいた個所や、集めた論文や資料のなかに、そのときには読み過ごしていた重要な1か所が浮き上がってみえてくるかもしれません。自分の向かうべき未来のストーリーが、そこからひらけることもあるでしょう。

## 機能8　ストーリー化

- 過去、現在、未来を文脈でつなぐ
- オリジナルのストーリーを生きる実感をもつ
- 経験やそのときの感情に価値を見出す

　自分という存在を、過去、現在、未来という一貫した文脈のなかに描き出すのが、**ストーリー化**です。

　自分を主人公にして語るマイ・ストーリーは、人生を生きていく主体としての自分を強く意識させてくれます。この世で自分にしか描けない、自分らしいオリジナルなストーリーへの期待感は、未来に向かう意志とそのためのアクションに勇気を与えます。

　ストーリーとして語ることは、自分の願い、意志を芯にしながら、自分の経験、行動、思考、感情などあらゆるものを、ストーリーの味わいと奥行きを深めるものとして文脈にとり込むことにつながります。

　ゴールをめざす途上で、力不足でうまくいかなかったり、軌道修正や中断を余儀なくされたりすることがあっても、自分が主人公として生きるストーリーのなかであれば、それらを意味のあるシーンとして転換することができます。ポートフォリオがあることで、自分のすべての経験を価値づけ、それをストーリーとして語ることが可能になります。ストーリー化で、自分という存在をストーリーのなかに息づかせて展開させるのです。

　結果だけでなく、プロセスが大切であることを意識化できるのも、文脈にすべてを包含することのできるストーリーだからこそだといえます。

　ストーリー化は、過去から現在だけでなく、未来を創造的に展望することをかなえます。

ポートフォリオの8つの機能を引き出すには、「入れる」「めくる」の行為のなかに、リフレクションとリフレーミングの手法を用いたセルフコーチングによる「気づき」を組み込んでいくことが欠かせません。ポートフォリオの活用には、思考の日常化が必要なのです。

第2章で、自分をみるためのコーチングについて詳しくみていくことにしましょう。

---

COLUMN

**ポートフォリオを互いに見せ合って知の共有を**

　ポートフォリオの最大の魅力は、これぞ正解というものがなく、一人ひとり完全なオリジナルであること、そしてそれを見せ合うことができるところ。ですから、ほかの人がどんなポートフォリオをつくっているのかには興味津々です。みるほうも、みられるほうも、モチベーションが上がります。

　「いろんな考え方があるもんだな」「こんな見方もあるのか」「自分が想像もしない人生ってあるものだなあ」と驚き、一人ひとり異なることの価値に気づきます。

　同じ研修の参加者同士でポートフォリオを見せ合う共有の機会をもてば、入っているものやマーキングの個所や気づいたことのメモから、着目点や取組み方の違いがわかります。ぜひ、ポートフォリオを共有してお互いに学びを深めてください。こうして知の世界を広げることは、あなたのキャリアストーリーをより豊かにするでしょう。

## リアルポートフォリオとeポートフォリオの違い

　大学を中心として教育界に「eポートフォリオ」が広がっています。フォーマットを決めてコンピュータで管理するeポートフォリオは、評価者である組織主体の発想で設計されていることが多いといえます。
　自分で自在につくっていける手触り感のあるリアルなポートフォリオは、自分主体でつくることに価値があります。

### ■ リアルポートフォリオの特徴
―― つくること、活かすことの主体が「自分」であることに価値がある

- パラパラと手でめくりながら、全体を絵本のストーリーのようにみることができる。ほかの人にみせながら語ることができる。
- その場でもらった手書きのカードなどを、手間なくそのまま入れることができる。
- 手紙やプレゼントのリボンなど、現物の質感のまま入れるという行為を楽しめる。大切なものをとっておきたいという思いをかなえる。
- 「そのもの」「そのまま」の質感があるので、出来事や情報に奥行きや意味を付加し、エピソード記憶を形成しやすい。
- ファイルに入っている中身を俯瞰できるので、一つひとつの中身の意味や価値を全体に照らしてとらえることができる。
- ページ間に発見した関係性やふりかえって気づいたことを、付箋に記したり、自分なりにマーキングしたりするなどの創意工夫を楽しめる。
- 自分の好みのファイルやデザインを楽しむことができるので、モチベーションを高く維持できる。

■ e ポートフォリオの特徴
── 学習履歴データなどを蓄積するものとして学校主体で運用されることが多い

○ 学習者が、何時間、どのサイトから、どう情報を得て学習したかなど、ネット上の学習行動を追跡することができる。
○ ビッグデータとして戦略的な経営や教育構想に活かせる。
○ ネット環境があるところならば、いつでも、どこでもアクセスすることができる。
○ 入力フォーマットが定型化されているので、基本的情報の入力がしやすい。
○ 検索機能を駆使できるので、これまでの学習活動からピンポイントで関連事項を探すことが容易である。
○ 共有性が高い。入力された情報に対して、他者がネット上で即座にコメントやアドバイスを返すことができる。
○ 学習活動に利用する場合、指導者は膨大なデータと照らし合わせて分析・解析することで、学習者の理解の度合いや傾向を類推・評価しやすい。
○ 学習活動はネット上にかぎらないということを、指導者も学習者も意識する必要がある。

## 「与えられる・教えてもらう」学びから、「自分から手を伸ばす」学びへ

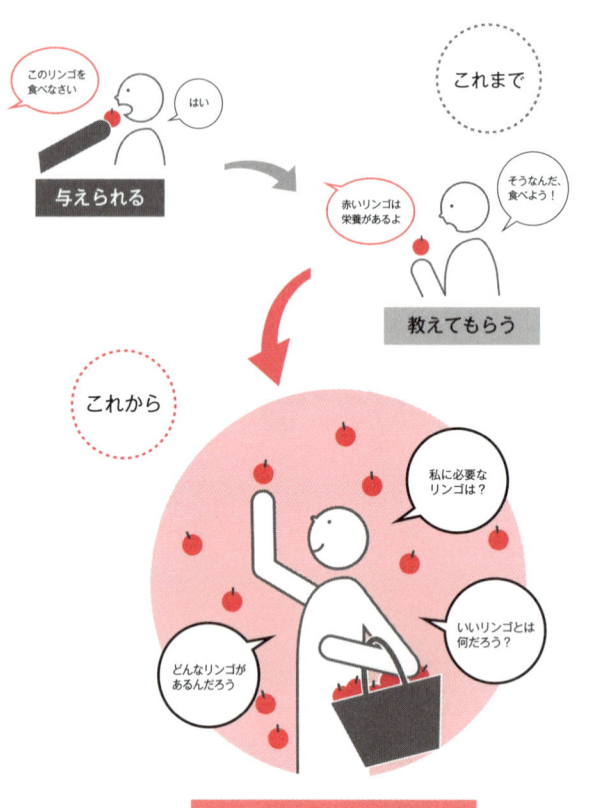

**これまで**

**与えられる**
「このリンゴを食べなさい」
「はい」

**教えてもらう**
「赤いリンゴは栄養があるよ」
「そうなんだ、食べよう！」

**これから**

**自分から手を伸ばす**
「私に必要なリンゴは？」
「いいリンゴとは何だろう？」
「どんなリンゴがあるんだろう」

　この世界は「知の果樹園」です。「知のリンゴ」を、自分から手を伸ばして収穫しましょう。
　ポートフォリオは、知のリンゴを収穫するための"かご"です。かごが手元にあれば、「あのリンゴ、色づいておいしそう。とって入れておこう！」という気になります。リンゴがたくさん入ったかごをみると、うれしくなります。「ゴールに向かって成長したい」という意志があれば、自分をとり巻く木々になるリンゴに目がとまり「私に必要なのはこのリンゴ」と選び取ることができます。
　「与えられる・教えてもらう」受け身の学びから、「自分から手を伸ばす」自律した学びへ変えていきましょう。

# 第 2 章

## 自分をみるコーチング
## ──リフレクションとリフレーミング

▼

　ポートフォリオの 8 つの機能を引き出すには、セルフコーチングのスキルが欠かせません。

　自分の思考や行動を客観的にふりかえるリフレクション (Reflection) と、見方を変えてとらえるリフレーミング (Reframing) の 2 つの手法で、セルフコーチングしていきましょう。

# 1

# セルフコーチングを身につける

## 自分との対話を習慣にする

　　　　目標をゴールシートに書き出してポートフォリオをつくり始めたものの、目の前のことに追われ、いつの間にかポートフォリオから距離をおいてしまうことがあります。こうなると、ポートフォリオがふくらまなくなるばかりか、手にとって開いてみることさえしなくなってしまいます。入れっぱなしや放りっぱなしのポートフォリオでは意味がありません。

　　ポートフォリオは、自分自身との対話をかなえます。そして、「入れる」「めくる」「みる」を重ねていくことで、その高い機能性を発揮します。

　　ポートフォリオの機能を最大限に活かすために身につけたいのが、セルフコーチングです。

　　あなたがキャリアストーリーを描いていくには、何よりもまず自分をよく知ることが大切です。

　「自分はこれまでどんな経験をしてきたのか？」
　「その行動や思考にはどんなパターンがあるのか？」
　「自分は何が得意なのか？」
　「これをせずにはいられないと、心をとらえるものは何か？」
　「自分にはどんな可能性があるのか？」
　「そのために何を身につけ、どこを変える必要があるのか？」

　　それらを知る手がかりが、ポートフォリオのなかにあります。ポートフォリオをめくりながらセルフコーチングで自分に問いかけ、自分との対話をとおして深く思考することを習慣化しましょう。自分のなかにもう一人の「高次の自分」をもって、自分で自分にコーチングしていきます。

たとえば、ポートフォリオをめくりながら、こんなふうに自分に問いかけます。

「私は、なぜ、これをポートフォリオに入れたんだろう？」
「このとき私はこんなにがんばれたんだ。それはなぜだろう？」
「この経験をとおして、私は何を学んだんだろう？」
「なぜ、あのとき、私はあんなにあわててしまったんだろう？」

こうした問いは、自分の経験やそのときの状況に意味があったことに気づかせてくれます。そして、これまでバラバラだったシーンを、ひとつのストーリーに紡いでいく役割を果たします。

## 上手な問いかけで気づきを促す

人は誰しも、もっと成長したいと願う気持ちをもっています。自らを高めよう、伸ばそうとする原動力を内にもっているということです。その力を引き出すのが、セルフコーチングの目的です。

コーチングには「こうすべきだ」「こうしなさい」「こうでなければならない」といった指示や命令、強制のことばは用いません。答えや方向性をコーチ役が用意して与えたり、そこへ誘導したりもしません。

キャリアストーリーには正解や模範解答などないのです。問いの答えは、自分自身のなかにあります。コーチングで、自分の内にある考えや思いを上手に引き出したり、もっている気づく力を発揮させたりしていきます。

よいコーチというのは、その人のなかにまだ発現していないよさがあることを確信し、信頼をもって、「なぜ、そうなると思う？」「いちばん大切にしたいことは何？」とタイミングよく問いかけます。その人の内側から答えとなる考えが湧きあがってくるのを待ち、それを契機にして、その人がもてる力を存分に発揮していけるようにそばで見守りつつ問いかけを続けます。それを自分に対して行うのです。

## ポートフォリオの活用でコーチング力を上げる

　セルフコーチングにおけるコーチ役の自分は、より高次のもう一人の自分です。「高次の自分」とは、高い意識で考えたり判断したり、俯瞰して冷静に全体をとらえたりすることのできる自分です。

　しかし、高次の自分を自分のなかにもち、客観的に自分や対象をみること（＝メタ認知）は、理屈としてはわかっても、実際にやってみるのはなかなか難しいものです。

　けれど、そこに自分の過去と現在がつまったポートフォリオがあれば、コーチ役である高次の自分を上手に務めることができます。ポートフォリオには、自分の経験やそのときの感情、まだ発現していない可能性が、自分の頭や記憶のなかよりもはっきりとみえているからです。ポートフォリオをつくり、それをめくりながらコーチングすることを積み重ねていけば、メタ認知は習慣となって、自分との対話力は高まっていくことでしょう。

　学校や職場においても、反省やフィードバックという行為は日常的に繰り返し行われ、経験をふりかえることは多くの人がやっていることですが、それは次のアクションへの意欲やモチベーションを高めることにつながっているでしょうか。これまでの経験を未来へのストーリーに転化できていないとすれば、それはなぜでしょうか。

　ただ単に、思い返すという程度のふりかえり方では、思い出に浸るだけになったり、印象深い出来事だけにスポットライトが当たったりしがちです。また、失敗した経験などは誰でも思い出したくないものですから、意識的に記憶の隅に追いやってしまうこともあります。人は失敗からこそ大いに学べるということを考えれば、これは実にもったいないことだといえます。

　現実にあったことを目の前にして、そのシーンの一つひとつの意味や価値をキャリアストーリーのなかに組み込んでいけたら、どんなにか有意義でしょう。ポートフォリオは、ここに活きてくるのです。

ポートフォリオをめくりながら自分と対話することは、自分を客観的にみることと同じです。自分で自分を成長させるには「メタ認知」は不可欠です。メタ認知とは、自分で自分を客観的にみることです。客観視ができるとできないとでは、あなたのキャリアそして人生におそらく大きな差をもたらすことになるでしょう。

---

COLUMN

**よいコーチとは？**

　人を伸ばし育てることに長けたよいコーチとは、どのような存在でしょうか。

　最も大切なのは、コーチングの対象となる人の潜在力や可能性を信じることです。そして、その人の行動や思考や感じ方の特徴やくせをよく観察できる目をもっていることです。その人ならではのよいところをどうすれば活かせるかを、コーチはよくみて、考えています。

　優れたコーチは、身体的特徴や動き、周囲の環境といった目にみえるものばかりでなく、その人の内側にある潜在的な素質や資質を見出そうとします。その人を理解しようとしながら、可能性が引き出されるような練習メニューや成長プログラムを考えていくのです。

　自分にとってのいちばんのコーチになることをめざしましょう。

## セルフコーチングの目的を明確にする

　　キャリアストーリーを描くために、あらためてセルフコーチングの目的を書き出して焦点がぶれないコーチングをしましょう。次の問いかけやさらに深い答えを見出すことにもつながるでしょう。

### セルフコーチングの目的

- □ これからの自分の生き方や仕事を考えるため
- □ 進路や方向性の選択に役立てるため
- □ 自分の得意なことや資質、素質、性格などを知るため
- □ 自分の適性を探るため
- □ 自分が何をしたいのかを知るため
- □ 自分のなかにある、これだけは失いたくないものを確かめるため
- □ どんな自分でいたいのかをあらためて考えるため
- □ 自分のコアと呼べるものを見出すため
- □ 自分の本当の気持ちを知るため

## セルフコーチングの視点とポイント

　ポートフォリオを俯瞰して個々の関連性や全体との関連性を意識しながらセルフコーチングします。3つの視点を意識しましょう。

### ── 動的にとらえる

　とりたい資格や磨きたいスキルがある、あるいはすでにもっているのなら、「それを活かして、何をしたいのか？」「それを活かせば、何ができるのか？」を意識しながらみていきましょう。

　資格やスキルといった静的なものを、未来に向かって活かすという動的なものに変換してとらえ直してみましょう。

### ── 有機的にみる

　一つひとつを単独で断片的にみるのではなく、「これがあったから、このあとでこういう行動をしたわけだな」と、時系列に並んだ一つひとつの関係性やつながりをストーリーとして有機的にとらえてみることを意識しましょう。

### ── 一つ奥をみる

　「なぜ、これをやったんだろう？」「どうして、これをこのページに入れたんだろう？」と問いながら、行動や考えたことのその奥にある背景やきっかけに遡ってみてみましょう。

## 思考と行動を追うコーチング

　　自分は何をみて、どう考え、どう行動するのかを追ってみます。

☐どんなことに気づくことができているのか。

☐何をどんなふうに考えているのか。

☐何を望んでいるのか。

☐望むものをどんなふうに手に入れているのか。

☐望むものを手に入れるために何を身につけるのか。

☐具体的にどう行動するのか。

☐出会いや出来事から何を得ていくのか。

☐最終的にどこに到達するのか。


## 時の流れを追うコーチング

　　過去、現在、未来をつなぐ視点をもちます。

☐これまでのポートフォリオから何を見出すのか。

　　　　　　　　　　　　　　　　　　　―過去への視点

☐今というこの瞬間に、何を切りとってポートフォリオに入れるのか。

　　　　　　　　　　　　　　　　　　　―現在への視点

☐これから訪れる未来に、どんなビジョンを描くのか。

　　　　　　　　　　　　　　　　　　　―未来への視点

☐その意志をもって何を具体的に始めるのか。

　　　　　　　　　　　　　　―過去・現在・未来をつなぐ視点

## 未来から現状をとらえるコーチング

　ありたい未来の状態から現状をみて、そのプロセス上にある課題を発見し、現実的な解決法を探ります。

☐ゴールの達成に必要な情報は集められているか。

☐ゴールに至るフェーズ・段階ごとの目標は明確か。

☐活動に対する「時間」や「手間」のかけ方は適切か。

☐集めた情報は最新か。情報には根拠があるか。

☐自分のやり方を客観的にみつめ、改善や知識補充を行えているか。

☐フェーズごとに、次につながるフィードバックをしているか。

☐フェーズとフェーズのあいだはクリアカットに進められているか。

☐多角的な視点で情報を得ようとしているか。

☐異なった新しい見方で考えようとしているか。

☐経験に価値を見出し、経験から学べているか。

☐自分をどのように成長させていくのかのプランが描けているか。

## セルフコーチングの実際

「自分はこのままでいいのかな」と漠然と思っていたり、「何かを始めたい」と思ってはいるけれど具体的にどうしたいのかがはっきりしないというとき、ポートフォリオを開いてセルフコーチングしてみてください。自分という存在がより具体的に浮かび上がり、キャリアストーリーの芯がみえてくるでしょう。

### ▶ 1.「したいこと」を知るコーチング

日々の仕事のなかでは、自分の素直な気持ちや感情に目を向けることはあまりありません。自分が本当に好きなことや求めていることを浮かび上がらせてみましょう。

- これをしていると時間を忘れるといえることは何？
- 今、いちばん楽しいのは、何をしているとき？
- 今、イヤだなと思うことはある？　それは何？
- そのことに対して、どんな気持ちになれたらいいんだろう？
- そのためにできる行動は何だろう？
- 今、気になることは何？
- それは、なぜだろう？
- 充実感を感じるのは、どんなとき？
- 今、こうであればいいな、と思うことは何？
- それはなぜ？

## 2.「始める」ためのコーチング

　自分が何をしたいのかの目標をはっきりさせるために、今、自分が何を考え、何をしているのかを探ってみましょう。

- C 今の仕事上の課題は何？

- C 課題にどう対応している？

- C 今、やるべきことはできている？

- C できている・できていないとしたら、それはなぜ？

- C 今までをふりかえって、何かとても気になることはある？
  それは何？

- C これをしていると、わくわくすることって何？

- C これからやってみたいと思うことは何？

- C それに実際、挑戦してみたい？

- C 挑戦するには、何から始めればいい？

- C 挑戦するためには、何が必要だろう？

- C 今の環境で、その挑戦は可能だろうか？

- C 可能・不可能だとしたら、それはなぜだろう？

- C １年後にはどうなっていたい？

### 3. キャリアストーリーを描くコーチング

　現在の自分像がクリアになってきたら、次のような質問を投げかけ、未来へ続くキャリアストーリーの主人公である自分を明らかにしていきましょう。

- どんな仕事をしていきたい？
- そのために、どんな進路を選択する？
- 何が得意？
- 何が好き？
- 自分は、何に向いている？
- 自分の「ここは失いたくない！」って、どんなこと？
- 自分のいいところって何だろう？
- どんな自分でいたい？
- 「これが私」っていえることは？
- 自分の好きな私は、未来で何をしている？
- 人生を、何につかいたい？

COLUMN

**平均値ってあるの？**

キャリア設計のためのフローチャートや、自分の適性を探るマークシートなど、仕事や職業を探す人に向けた便利なツールがネットや就職支援雑誌で紹介されています。簡単にできるので、一度はつかってみたことがあるという人もいるでしょう。

こうした既製のシート類は、データの統計的パターンをもとにして、大多数であるマスを対象に開発されたものです。

自分をそこに当てはめてみる前に、自分のポートフォリオをみて、自分は何が好きなのか、どんな職業に就きたいのかをゼロベースで自由に描いてみることをおすすめします。あなたの資質、性格、特徴、置かれた環境は世界で一つだけのものであり、あなたは完全にオリジナルな存在なのですから。

COLUMN

**思考特性をとらえよう**

自分が描く未来のキャリアストーリーに、自分がもっている経験や素質をいかに有効につかえるかを、ポートフォリオを活かして想像してみましょう。

視点として必要なのは、「何をしているか」の「行動」だけでなく、「何を考えているか」の「思考」を追うことです。自分の思考プロセスやパターンをとらえることが肝心です。

うまくいったときも、失敗したときや問題が発生したときも、その行動の結果を、思考にまで遡ってセルフコーチングしていきます。

もう一人の高次の自分とポートフォリオをめくり、関連する個所にしるしをつけながら、考え方の道筋を遡って顕在化させていきます。そうすることで、行動に至るまでの自分特有の思考プロセスやパターンを追うことができ、ものごとのとらえ方を修正したり強化したりすることが可能になります。

しるしをつけたポートフォリオのページのなかに、問題を解くための手順が定式化されたアルゴリズムが浮き上がってくるようなイメージです。

# 2

# 2つのコーチング手法
## リフレクションとリフレーミング

　あなたのキャリアストーリーを描くためには、これまでの出来事や考えたこと、気持ちをふりかえり、そこから課題を見出したり学んだりしていくことが大切です。
　そのためのセルフコーチングには、**リフレクションとリフレーミング**があります。
　リフレクションとは、自分自身のこれまでをふりかえって自分の頭と心のなかをみることであり、リフレーミングとは、これまでとは違ったものの見方や考え方をすることをいいます。

## リフレクション
### ── 自分の思考と行動をつぶさに追う

　**リフレクション**とは内観、内省をいいます。ある時点の自分の内側にまで分け入って、そのときの自分をあらためて静かにみつめることです。経験した出来事や状況、行動だけをふりかえるのではなく、そのときに自分は何を考え、どう感じたか、そしてどんな判断をし、結果として何をしたのか、そのときの思考や感情を分析的に観察します。
　このように自分の思考や行動、感情を客観的にみつめて、
　「ああ、私はものごとをこんなふうにみて、こういう考え方をするのか。そのときにこんなことを意識したり、感じたりしているのか」
　という具合に、自分を高次の目で把握するのが「メタ認知」です。

ポートフォリオを活用することで、メタ認知をつかったリフレクションを促すセルフコーチング（リフレクション・コーチング）がうまくできます。ポートフォリオには日付や出典、場所や関係した人の情報が時系列に入っているので、そのときの状況をより正確に鮮明に頭のなかで再現でき、その瞬間の自分の心を内観できるのです。

たとえば、ポートフォリオに入っている1枚の写真をコーチ役のもう一人の自分が指差して、「この状況のとき、私は何を意識していたの？」と、自分に問いかけながら対話することで、冷静にそのときのことをふりかえることができます。その状況での自分の気持ちの変化や考え方や、行動の奥底にあった無意識下での自分の選択

リフレクションで、自分の心の内をみて経験を再構成し意味づけする

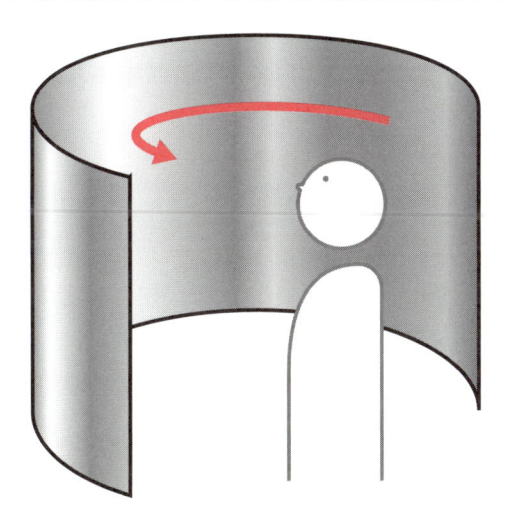

「どんな出来事が自分の思考や行動に影響を与えたのか？」
「そのときにどんな気持ちだったのか？」
「悔しいと感じたのは、なぜか？」
「どんなときに自分のモチベーションが上がるのか？」

などから、自分の思考や行動に影響を与えたことに遡って、ていねいにスポットライトを当てることにつながります。

　ポートフォリオをていねいにめくり返すことで、時間の流れに沿ったリフレクションができます。
　「1週間前にこれをやっておいたから、この日のインタビューがすごくうまくいって、私はとても充実した気持ちになったんだ。貴重な資料をいただくことができたのも、先を予測した事前の情報収集と準備のがんばりがあったからなんだな」
　というように、ポートフォリオを時系列に沿ってたどりながら、自分の思考や行動のなかに意味のあることや価値のあるものを発見することができます。
　自分の行動を順を追って客観的にみていくことで、自分の思考のパターンや、自分ならではの課題解決のプロセスをとらえることもできます。
　「どんな出来事が自分の思考や行動に影響を与えたのか？」
　「そのときにどんな気持ちだったのか？」
　「悔しいと感じたのは、なぜか？」
　「どんなときに自分のモチベーションが上がるのか？」
と問いかけ、
　「過去に大事だと思っていたことを、今も同じように感じているか？それとも今は新しい価値観をもっているのか？」
と、自分の変化を把握するリフレクション・コーチングも、キャリアストーリーを描くうえで有効でしょう。

## 未来の自分がコーチする
### ── ゴール地点からのリフレクション・コーチング

　一つの場面や一つの結果を単体としてみるのではなく、その一つひとつが自分の未来に続くストーリーの重要なワンシーンであることを意識しておくのが、キャリアストーリーを描くセルフコーチングのコツです。

　「こうありたい」という未来の状態（めざすゴール）と現状とを、ストーリーの時間軸の上で照らし合わせながらリフレクション・コーチングしていきます。

　たとえば、何かをめざしてがんばっているのだけれど、なんだかうまくいかないときや、この先どうしていいかわからないときは、自分を責めたり追いつめるのではなく、こんな問いかけでコーチングしてみましょう。

　まずは、「どうなればいいの？」と問いかけて、こうでありたいという状態や像を頭のなかに浮かび上がらせることを促します。

　次に、「今はどうなの？」「何ができて、何ができないの？」というように、現状を明らかにするコーチングを展開します。

　目標と現状を照らし合わせることで、解決につながる課題を具体的に発見することができます。

---

COLUMN

**よいところを探し合って**

　家族や友人あるいは仕事上の仲間同士で、相手の資質や優れている点を発見し合う。キャリアストーリーを描くうえで、こうした相互によるリフレクション・コーチングもとり入れてみましょう。

　相手のふるまいや仕事ぶり、学ぶ姿勢、段どり、魅力などをことばにしてカードや付箋に記し、交換し合うとよいでしょう。「○○が素早くできる」「集中力は群を抜いている」といった具合に、その人の行動やふるまいをみて、そのときの状況を書き添えて具体的に書くことがポイントです。もちろん、自分がもらったカードはポートフォリオに入れておきます。

## リフレーミング
### ―― 見方を変えてみる

　リフレクションを促すコーチングとともに身につけたいのが、リフレーミングによるコーチングです。

　リフレーミングとは、ものごとをこれまでとは違った見方でみることをいいます。もととなる単語の「フレーム(frame)」には、「枠」や「額縁」という意味があります。カメラで撮影することを考えてみるとわかりやすいでしょう。被写体は何で、それをどんな位置、大きさでカメラのフレームにおさめるのかを決めることを、「フレーミング」といいますが、それに「別の」や「新たな」の意味をもつ「リ(re)」をつけて、「あらためてフレーミングする」という意味になり

---

**リフレーミングで、違う見方をする**

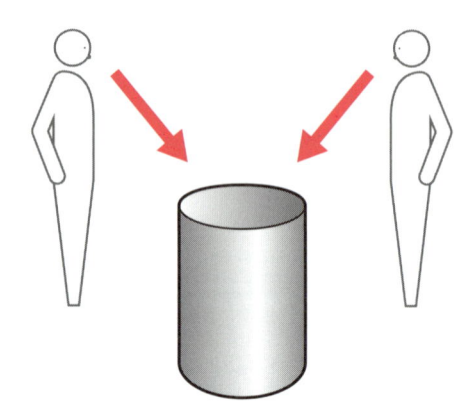

「自分と逆の立場からみたら、どうみえる？」
　→男性なら女性、女性なら男性の目で
　→18歳なら81歳、81歳なら18歳の目で
「あの状況にある、あの人の目でみてみたら、どうみえる？」
「初めてこの事態に直面した人だったら、どう考えるだろう？」

ます。
　つまり、リフレーミングとは、対象をさまざまな角度から多面的にみて、考え方やとらえ方の枠組みを変えることをいいます。
　リフレーミングを意図したセルフコーチングは、ものごとをポジティブな解決策へ向かわせる効果をもちますが、効果はそればかりではありません。目標達成に必要な、多面的な見方を促し、課題解決力のクオリティを高めることにも役立ちます。
　リフレーミング・コーチングで自分を違った角度からみつめることができれば、自分の行動の傾向やパターンを認識でき、その打開策を具体的に見出すことができるでしょう。

---

COLUMN

**コップに半分の水をみて……**

　コップに半分入った水をみて、「ああ、もう半分しかない」と思うか、「まだ半分も残っている」と思うか。
　同じものをみても、とらえ方の違いで、ポジティブな感情とネガティブな感情が生まれるといわれます。とらえ方は感情に作用し、その後にとる行動にも影響するそうです。
　ただ、このコップの水をみて、なかには、水の量などまったく気にならず、「ああ、澄んできれいな水」と思う人や、「なんだかつまらないデザインのコップ」とまったく違ったところに着目する人もいるかもしれませんね。
　コップに半分入った水というひとつの対象にも、さまざまな見方があるのだといえます。対象を多角的にとらえられるようになると、自分の多様性もきっと広がるでしょう。

## リフレーミングで課題解決力を高める

　たとえば、問題に直面したときに求められる課題解決力。この力をつけるのに、リフレーミング・コーチングが役立ちます。
　まずは、考えつくかぎりの解決策を目の前に並べてみる必要があります。1つ2つの解決策なら熟考しなくても容易に思いつくかもしれませんが、おそらく型にはまった解決策でしかないでしょう。
　ここで終わらせずに、5つ6つ、ときには10以上もの解決策を出せるかどうかです。10以上にもなれば、自分の頭で考え抜いたものが表れてきます。
　自分のなかからいかに多くの選択肢を引き出せるか。ありったけの策や可能性を考え出し、目の前に出したすべての選択肢を俯瞰して、比較したり選り分けたりしながら、最終的に「これだ！」といえる一つに決定する。これが有効な方法です。

　では、どうすれば選択肢を数多く考え出すことができるのでしょうか。
　ここに、リフレーミング・コーチングが活きてきます。
　自分のものの見方や考え方の枠組みを変えてみることで、自分でも思いがけない意表をついた解決策が出てくる可能性がひらかれます。ものごとを違う角度からみることで、新しいアイディアが湧くこともあります。
　リフレーミング・コーチングで、「もし、○○だったら？」と、違う角度や次元からものごとをとらえてみることを促しましょう。そして、その問いかけへの答えを待ち、一つ解決策が浮かんだら、「ほかには？」と促し、また答えを待っては、「もっとほかには？」と、次々に多面的な見方を促していきます。
　「あなたと逆の立場の人からみたら、どうみえる？」と、ものの見方を飛躍的に転換させるのも、課題解決策を考え出すのに有効です。

ポートフォリオを活かし、そのときをリフレクションして課題を見出すことに終わらせることなく、「ではどうしたらいいか？」という課題解決につながるリフレーミングとあわせて行いましょう。自分の未来をひらくために、自分のもてるものを最大限に引き出すリフレクションやリフレーミングの手法を身につけましょう。

---

COLUMN

### 成長とは

　資格の取得や学業の修了あるいは技術や知識の獲得などは、目でみたり数値で表したりすることができる成長といえます。

　しかし、成長とは、目にみえるものだけではありません。

　人の気持ちを察することができるようになったり、一方向からしか考えられなかったことを多面的に考えられるようになったりと、目にはみえないけれども心や頭のなかで起こる成長もあります。

　そのときどきの気づきや気持ちをメモして、ポートフォリオに入れておきましょう。目にみえる成長も、目にみえない成長も、どちらも顕在化しておくことが大切です。

# 第3章

## 4つのキャリアシーンと
## ポートフォリオの活用

▼

　自分というかけがえのない存在を、未来に向かって最大限に活かしていくキャリアストーリー。ストーリーの中身は人それぞれですが、多くの人に共通する4つのキャリアシーンにおける、ポートフォリオの活用法とセルフコーチングをお伝えします。

# 1 キャリアストーリーとは

## ストーリーを描き、ストーリーを生きる

　キャリアとは、自分の意志で選びとる未来へ続く1本の道。その将来図を、自分を主人公にしたストーリーで描いていきましょう。

　ストーリーには、過去、現在、未来を文脈のなかで意味をもたせながらつなげる力があります。「ストーリーで考える」ことには、そのこと自体に大きな力があるのです。

　たとえば、「あのときのことがあったから、今こうなっているんだ」とふりかえって納得し合点することができるのは、別々の事象をストーリーとしてつなげてみているからです。挫折や失敗や理不尽な体験でさえも、自分のキャリアという壮大なストーリーのなかにおいてみれば、腑に落ちるように自分のなかにとり込むことができます。

　映画や小説のストーリーは、どんなふうに綴られているでしょうか。好きな物語を思い浮かべながら考えてみてください。

　主人公はさまざまな人に出会い、ときには思いがけない出来事に遭遇して、あるときは勇気づけられたり、触発されたり、懸命に何かに打ち込んだり、あるいはくじけそうになったりしながら、いくつものさまざまな経験を積み重ねて生きています。経験から何かを学びとって成長しています。過去の思いがけないシーンが、現在や未来の伏線になっていることもしばしばです。

　キャリアストーリーも、過去から現在そして未来へと続く時間軸に沿って、さまざまなシーンが積み重なって展開していきます。物

語のその先を早く知りたくて、わくわくしながら読み進めるように、自分のキャリアストーリーを心躍らせながら描けていけたなら、どんなにすてきでしょうか。ほかの誰とも違う、世界で一つのあなただけのキャリアストーリーを紡いでいきましょう。

　自分の過去から現在を 1 冊のファイルに入れていく。あなたのポートフォリオのどのページにも、そのときのあなたが経験したことや、感じたこと、考えたことがつまっています。

　入れてはめくることを重ねるうちにふくらんでいくポートフォリオには、気づきや発見があります。まだ何も入っていないまっさらなページに、これから入れたいものや「これが入っていたら、うれしいな」と思えるものが次々にみえてきます。

　ポートフォリオから、わくわくするようなキャリアストーリーが生まれていくのです。

## 自分らしいキャリアストーリーとは

　キャリアアップにつながりそうなスキルや資格、あるいはポストやポジション、評価や評判を得たとしても、必ずしもそれが自分らしい生き方であるキャリアにいつもつながるとはかぎりません。

　むしろ、今はまだ何の技量や資格がなくとも、「大切にしたい何か」を自分の内にしっかりもち、「ありたい自分」を前方にみつめながら、毎日の経験を大事に重ねている人は、すでに自分ならではの納得のいくキャリアストーリーを生きているのだといえるかもしれません。

　「あんなふうになりたいな」「こうなりたいな」と、自分が今よりよい姿に成長していくのを自ら望み、未来へ向かってパースペクティブなまなざしを向けることが、キャリアストーリーを生きる原動力となります。

「ほかの人ももっているスキルだから、私にも必要なのかも……」と、世のなかに用意されている定型からキャリアを考えるのではなく、「私は何を大切にして生きていきたいのか」を芯にして、そのために自分を成長させていくキャリアを考えてください。

それができれば、この先どんな状況におかれても、何があっても、いたずらに振り回されたり、流されたり、現状を誰かのせいにしたりせずに、「私は自分の意志で自分の人生を生きている」と、潔く覚悟して生きていけるでしょう。

## 自由に、のびやかにストーリーを描く

心をひかれる物語は、たいてい主人公が魅力的です。「この主人公ならではの生き方だな」と思わせられるシーンにはわくわくします。

キャリアストーリーの主人公として人生を生きるあなたも、魅力的でユニークな主人公を仕立てて、キャリアストーリーを思い切りよく描いてみてください。

「こうでなければならない」とか「こうしなくてはいけない」といった先入観や世間的常識の枠にとらわれてしまっては、せっかくのストーリーがおもしろみのないものになりかねません。あなたの自由な想像力を発揮して、のびやかにキャリアストーリーを描いてみましょう。

では、自由にストーリーを描くとはいっても、具体的にどうすればよいのでしょうか。

大事にしたいことは、ただひとつ。主人公である自分をとことん信じて、自分がもって生まれた資質や素質、好きなこと、得意なことを認め、それらを「活かす」ことです。自分が大切に思うものや関心があるものが入ったポートフォリオをめくっていけば、あなたのキャリアストーリーの次の展開がみえてくるでしょう。

もちろん、ストーリーは、いつでもあなたが望むとおりに展開するとはかぎりません。突発的な出来事に遭ったり、自分以外の家族にかかわる問題に直面したり、経済的な事情が生じたりと、思い描いていた筋どおりにいかないこともあるでしょう。

けれど、そうした状況にどんな態度で向かうかは、自分の意志で選択することができます。

キャリアストーリーは、生命保険会社のパンフレットに描かれているような計画的な人生とは違います。未来は計算どおりというわけにはいきません。だからこそ、わくわくします。この先、何がどうなるかわからないから、おもしろいといえます。未来の自分を、自由に楽しみながら描いてみましょう。

自分で描いた未来へ心を躍らせながら近づくために、自分から手を伸ばし、からだを動かし、いろいろな経験や仕事を積み重ねていく。その貴重な経験の一片一片が、ポートフォリオに蓄積され、あなたのキャリアストーリーを紡いでいくのです。

---

COLUMN

### 未来への伏線をもった魅力的なストーリーに

ストーリーがその魅力を放つには何が必要でしょうか。

華やかなシーンやダイナミックな場面展開がなくとも、登場人物がいきいきと描写されていたり、一つひとつのシーンが思いがけない伏線でつながっていたりすると、その物語は魅力を増します。

今、開いているページに、この先のストーリー展開を楽しみにさせる何かがある——。そんな魅力あるキャリアストーリーを、ポートフォリオのまだ見ぬページに描いてみましょう。

## COLUMN

### 物語はなぜわくわくするの？

辞書や百科事典は、50音順やアルファベット順に情報が並んでいます。一つひとつの説明はそれぞれに興味深くとも、ページとページのあいだに関連があるわけではありません。

では、物語はどうでしょう。物語には、時の流れがあり、その先の展開が予想もつかないというおもしろさがあります。シーンとシーンのあいだには関連性があります。読者はページを繰りながら、物語の主人公と一緒にドキドキしたり、悲しんだり、喜びを感じたりします。物語には、その先への期待感があります。

ポートフォリオで描くキャリアストーリーも、まさに物語です。1つのページがほかのページと関連性をもっています。ポートフォリオを俯瞰しつつめくると、その個々のシーンに関係性やつながりが隠されていたことに気づきます。

## 語源に共通するのは、過去から未来へと続くヒストリー

ヒストリー　history
　歴史、変遷、出来事のつながりの意。ギリシャ語の historia を語源とする。historia は、知ること、情報を得る、調べたこと、知識の意。

ストーリー　story
　時間の流れに沿って展開するもの。事実の積み重ねばかりでなく、人間の想像の産物もある。story と history は同じ語源をもつ。

キャリア　career
　一般に、経歴、経験、発展、関連した職務の連鎖等をいう。時間的持続性ないしは継続性をもった概念。

ポートフォリオ　portfolio
　画家、写真家、デザイナーなどの作品集。持ち運びができるように書類を入れるもの、書類鞄、個人経歴資料、学習経過資料、実績歴など。

## 4つのキャリアシーンとは
自分は今どのシーンに立っているのか

　人生にはいろいろな時期や局面があります。あなたはこの先、さまざまな人に出会い、出来事に遭遇することでしょう。その経験の一つひとつが、未来に続く大きなストーリーを形づくります。

　ポートフォリオをパートナーにして描くキャリアストーリーの、あなたは今どんなシーンに立っているのかを、俯瞰的にとらえてみましょう。

　キャリアストーリーには大きく分ければ、4つのシーンがあります。

　1段ずつ成果を積み上げていく**一段一段のシーン**は、地味ですが、キャリアストーリーのほとんどを占めるシーンでもあります。ときには立ち止まり、足踏みすることもあるでしょう。でも、着実に、一段一段上っているのです。

　今までしたことのないことにチャレンジするのが**挑戦のシーン**。どんなに小さなことでも初めて何かに自分からトライすることは挑戦です。自分の夢をかなえるために勇気を出してやってみることで、予想しなかった新しい局面がひらけることもあります。

　**選択のシーン**は、文字どおり、岐路に立ったときにどの道を選ぶのかを決めるシーンです。人はつねに、ほとんど無意識のうちに、小さな選択をしています。しかし、自分の人生の岐路という場面において、自分の意志で方向を選ぶことができたら、誇りをもってその道を進むことができます。

　自分のキャリアを、なんらかの理由でいったん中断しなければならないことがあるかもしれません。でも、こうありたいというビジョンをもっていれば、仕事や学びの機会は失われません。オフの状態からオンのときに戻るのが**復帰のシーン**です。

## 2　4つのキャリアシーンとは

　自ら学びを求めて成長し続けていくために、それぞれのシーンで、ポートフォリオとセルフコーチングをつかいこなしていきましょう。すべてのシーンがあなたの成長を促してくれるはずです。成長には終わりがありません。

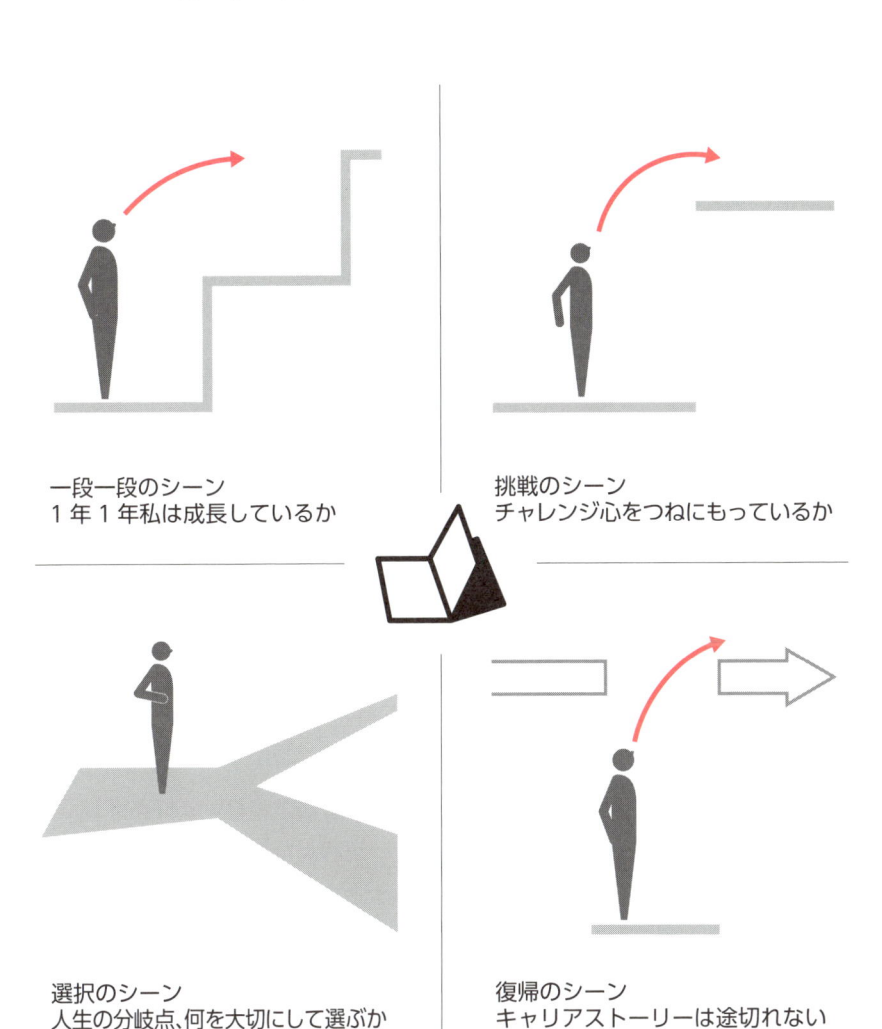

一段一段のシーン
1年1年私は成長しているか

挑戦のシーン
チャレンジ心をつねにもっているか

選択のシーン
人生の分岐点、何を大切にして選ぶか

復帰のシーン
キャリアストーリーは途切れない

4つのキャリアシーン

# 3

# 一段一段のシーン
## 1段ずつ成長を重ねていく

---

**想定されるシーン**

学校教育　新人期間　系統的な連続研修　目標管理　など

---

　**一段一段のシーン**は、ステップを1段ずつ上って成長していくステージです。大きくとらえれば、人生というストーリーはすべて、積み上げながら成長していく**一段一段のシーン**ととらえることもできるでしょう。

　キャリアストーリーにおける**一段一段のシーン**は、たとえば毎年学年が上がっていく学校教育や、新人期間、系統的な連続研修、1年ごとの目標管理などが該当します。いずれも、大きなゴールをめざして、1段ごとに目標を達成して上っていくシーンといえます。目の前にあることに対してはていねいに向き合い、やったことについてはふりかえって、そこで修得すべきことを身につけたかを確認してから次の段階へ行く。それを積み重ねながら、着実に成長していくシーンです。

　「この段階で私は何を身につけたのか？」
　「今、ゴールのどの地点まで来ているのか？」
　と、セルフコーチングしながら、自分が学んだことや獲得したものをていねいにふりかえり、自分の現時点を把握することで、次のステップへ主体的に進むことができます。学びとは、一つひとつを積み上げていくプロセスであることが、あらためてよくわかります。

3 一段一段のシーン

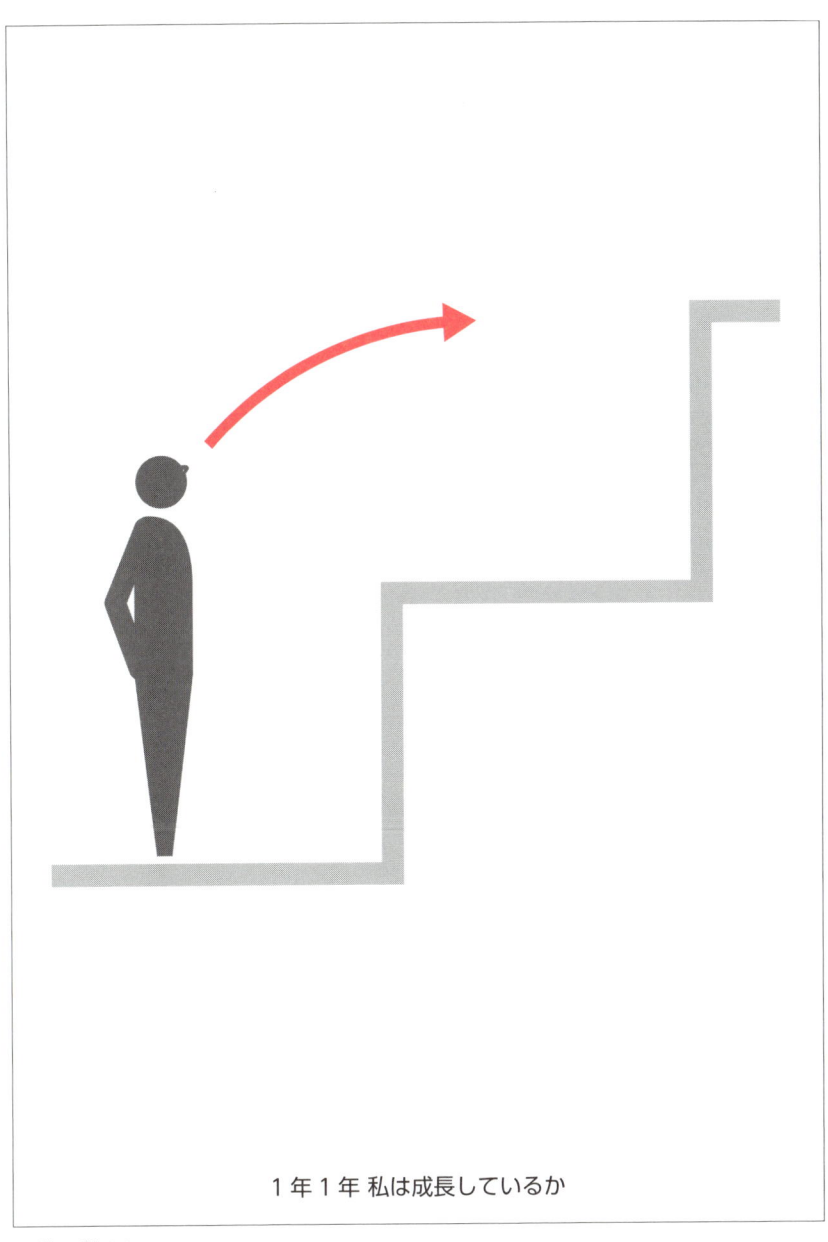

1年1年 私は成長しているか

一段一段のシーン

## 「一段一段のシーン」に活かすポートフォリオ

　ポートフォリオはスタートからゴールまでの軌跡がみえるので、これまで自分がやってきたことや目標までの到達度を視覚的に確認できます。

### ─── 学びをセルフマネージメントする

　私たちは普段から「できたこと」の上に「次にできたこと」を積み上げて、技術やスキルを高めていくことを無意識のうちに行っています。ポートフォリオで「できたこと」を可視化して実感できれば、モチベーションを高く維持できます。全体像を俯瞰することで、「何ができて何ができていないのか」「何が足りていて何が足りないのか」に自分で気づくことができ、学びをセルフマネージメントすることができます。

### ─── 目標がぶれない

　学習カリキュラムや研修プログラムのスタート時点で、ポートフォリオの最初のページにゴールシートを入れます。ゴールシートはポートフォリオを開くたびに目に入るので、今、自分が目標に向かう課題解決のプロセスを間違いなくたどっているかどうかを、つねに全体に照らして確認することができます。

### ─── 変化や成長がみえる

　たとえば研修にポートフォリオを活用すれば、学びの整理や確認につながります。ポートフォリオをふりかえって気づいたことは、メモや付箋に書き出してポートフォリオに加えていけば、学びはさらに深まります。その一連の行為をとおして、自分の成長や変化を実感をもって知ることができます。

　ポートフォリオは、自分だけでなく、指導者や上司にとっても学

びの進捗や到達状況が目にみえるので、形成的評価の根拠となり、具体的なアドバイスを得やすくなります。

### 「連続研修」にポートフォリオを活かす

連続研修の場合、通常はいつもの業務に従事しながら、研修が長期にわたって断続的に差しはさまれます。そうなると、研修の目的やゴールが曖昧になりやすく、受身的態度で臨むことにもなりかねません。

研修を自分にとって有意義なものにするために、その目的と全体像をとらえ、ゴールシートに具体的な到達目標を書いて、ポートフォリオの1ページ目に入れることから始めましょう。研修期間中にポートフォリオにめくり返して、目標に向かうプロセスを確認していくことが大切です。

### 「目標管理」にポートフォリオを活かす

目標を立て、その到達に向かう目標管理は、多くの組織で行われています。目標を定めたゴールシートをポートフォリオに入れたときから、ゴールに到達するための行動や途中の各段階における成果、気づきのメモなどを入れていくことで、目標までのプロセスがクリアになっていきます。そうすることで、戦略的な考え方や行動をとることが可能になります。

## 「一段一段のシーン」におけるセルフコーチング

### 過去、現在、未来をつなぐ視点を促すコーチング

過去、現在、未来を一貫したストーリーとしてつなげましょう。

#### 過去に焦点を当てる

- C　ひとつ前のステップで、いちばん大事にしていたことは何？

- C　これまで継続して大切にしていることは何？

- C　それは、どういう理由なんだろう？

#### 現在に焦点を当てる

- C　この段階で身につけたことは何？

- C　今、いちばん大切に思っていることは何？

- C　次のステップにも、もっていきたいものは何？

#### 未来に焦点を当てる

- C　次のステップで、いちばん大事にしたいことは何？

- C　次のステップに、どんな気持ちで向かいたい？

- C　次のステップで、いちばん身につけたいことは何？

## 違った角度からの視点を促すコーチング

### 過去にあった出来事に対して

C このときの状況に対して、今の自分ならどうコメントする？

### 現実より何段階か先の自分から

C 今の自分に、どんな声をかける？

### 未来を思い描いて

C 身につけた力を、これからどんなシーンで、どうつかう？

---

COLUMN

**一つひとつのふるまいをセルフコーチング**

　セルフコーチングを活用して、日々の行為の一つひとつを磨いてみてはどうでしょう。

　たとえば、朝の挨拶や電話の受け方、ことばづかい、身だしなみなど、どれも当たり前にやっていることですが、あらためて見直してみると、思わぬ気づきがあるものです。

　自分の一つひとつの行為に意識を集中してふりかえってみます。たとえば、電話の受け応えの場合を考えてみましょう。「感じのいい電話の応対とは？」「声だけの相手に、間違いなく用件を伝えるには？」とコーチングをしながら、現状の自分を把握することで、気づきを促します。

　気づくことで、よりよい方向へ向かうことができます。

# 4

# 挑戦のシーン
## 自分の意志でつねにチャレンジする

> 想定されるシーン
>
> 就職　転職　異動　新たな役割や難易度の高い仕事への挑戦
> 資格取得への挑戦　など

　　　　**挑戦のシーン**は、新しい何かにチャレンジする局面です。
　環境が変わる就職や転職、異動なども、チャレンジのシーンととらえることができます。自分の意志で、勇気をもって、今までやったことがないことに挑む決意のときともいえます。
　この力の源泉となるのは、今日までの自分。
　今までの自分をポートフォリオをみながらふりかえって、今日まで何をどう考え、何をどうやってきたかを再確認し、チャレンジすることへの自信を深めます。
　これまでになじんできた環境や人間関係、仕事のやり方などと決別することもありえます。けれど、今までの経験や積み重ねてきたことが無になる、というわけではありません。まったく違う世界に入っていくとしても、これまでに獲得した「知」が力となり、自信と勇気の裏づけとなって、チャレンジする自分に力をくれるでしょう。

4 挑戦のシーン

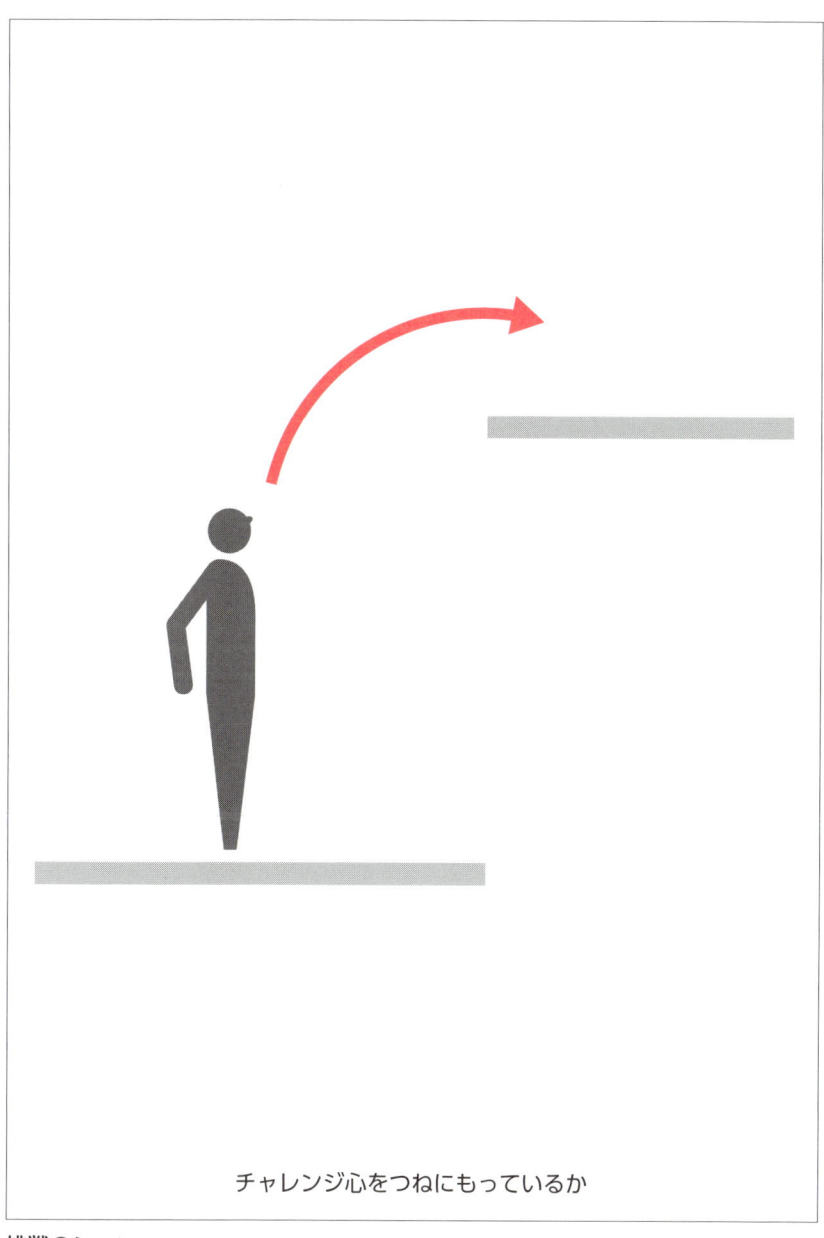

チャレンジ心をつねにもっているか

挑戦のシーン

## 「挑戦のシーン」に活かすポートフォリオ

　　新たな挑戦にこそ、ポートフォリオが活きてきます。挑戦への具体的な目標をゴールシートにしっかり書き込んだら、1ページ目に入れて、さあ、新しいシーンをめざす第1歩のスタートです。
　　セルフコーチングで自分との対話を重ねることで、目標に向かって確実に前へ進んでいることを確信し、自信をもって挑戦することができます。

### ─── 身につけたものを明確にする

　　新たなステージへジャンプアップするには、これまでに身につけたものをあらためて確認しておくことが力になります。セルフコーチングしながらポートフォリオをめくっていけば、これまでに獲得した知識やスキル、できるようになったことは何かを顕在化して、根拠にすることができます。

### ─── 挑戦のための力〈コア・コンピテンス〉を見出す

　　自分の能力や特性（コア・コンピテンス）を知ることは、意外に難しいものです。控えめだったり、思い込みがずれていたりして、適切な自己評価にはいたりません。
　　ポートフォリオをめくれば、そのなかに自分が夢中で取組んでいることや、長く続けていること、あるいは共通したキーワードがみえてきます。それらは、あなたならではのもの、あなたのコア・コンピテンスである可能性が高いものです。
　　コア・コンピテンスを意識することが、あなたの魅力的な個性を引き出し、チャレンジへの大きな力となることでしょう。

### ─── 自分の可能性を効果的に伝える

　　チャレンジへの決意や自信、その裏づけとなるこれまでに獲得し

たものや経験は、その時点から時間が経ってても、ポートフォリオがあれば再現することができます。

　希望する進路先や就職先での面接の場にポートフォリオを持参し、面接担当者にみてもらうことで、自分のビジョンやコア・コンピテンスを明快に伝えることもできるでしょう。

## 希望する先で働きたいとき──「ニーズとシーズ」を書き出そう

### ●求められる能力〈ニーズ〉と、提供できる能力〈シーズ〉

　希望する職場があるならば、そこで求められているものが何であるかを知り、それを自分は提供できるかについて照らし合わせてみましょう。

　「その部署や組織で求められているものは何か？」を観察して見出し、『ニーズとシーズ』シート(p.95)に記入します。さらに、「それらを自分は提供できるか？」を自分のポートフォリオをめくりながら考え、同様にシートに記入していきます。

　キャリアチェンジを希望する人なら、その職場を観察して、「その職場で求められる能力やスキルやふるまいは何か？」を、箇条書きで上げていきます。それらを書き出すためには、その仕事をまず"よく知る"必要があります。現場のニーズをより多く把握するために、洞察する力、気づく力、課題発見力を研ぎ澄ませましょう。

「ニーズとシーズ」シート

| ニーズ | シーズ | 学習機会 |
|---|---|---|
| 希望する先で求められているもの | 今の私が提供できる能力やスキル | 必要な知識・スキル・資格 |
|  |  |  |

## 「挑戦のシーン」におけるセルフコーチング

### ▶ チャレンジの力となるものを確認するコーチング

　うれしい、悔しいなどの気持ちを追って、チャレンジに向けて自信を深めましょう。悔しいと感じるのは、ありたい自分や行きたいレベルに到達できなかった、という感覚があるからです。足りなかったことは何だったのかを明らかにしておけば、悔しさはチャレンジへのバネになります。

- C　これまでに、何を身につけた？

- C　これまで、いちばん大事にしていたことは何？

- C　これまで、いちばん重要だったのは何？

- C　これまで、いちばんうれしかったことは何？

- C　これまで、いちばん悔しかったことは何？

- C　それは何かが足りなかったから？

- C　何をしておけば、悔しい思いをしなくてすんだ？

- C　同じ局面をもう一度迎えるとしたら、どこを変える？

- C　具体的には？

## ▶ チャレンジのプロセスを具体化するコーチング

　ポートフォリオをみながら、チャレンジに必要なものを明確にして、目標到達までのプロセスを具体的に認識します。答えは、ことばにして書き出してみましょう。

C　自分のキャリアに、どんな夢がある？

C　今はどうなの？

C　目標の地点の自分と今の自分とのギャップ（＝課題）は何だろう？

C　そのために、いつまでに具体的に何を目標にする？

C　課題をどうやってクリアしていく？

C　そのチャレンジに、必要なものは何？

C　このチャレンジで、いちばん重要なところはどこ？

C　新たなステージにもっていきたいものは何？

C　これまでの自分の、何を、どう活かしたい？

C　目標を達成した自分は、どんな自分だろう？

C　目標を達成した自分から、今の自分にどんな声をかける？

## 5

# 選択のシーン
## 分岐点に立って決断する

> 想定されるシーン
> あなたの人生に大きな変化をもたらす、決断を迫られるさまざまな場面

　　**選択のシーン**は人生の分岐点です。
　「ここで仕事を続けるか、故郷で新たな仕事に就くか」「専門性を磨くか、ジェネラリストをめざすか」「現場での実践を極めるか、あるいは教育者となって、実践経験を伝えていくか」など、**選択のシーン**は、まさに分岐点に立って、これから進む方向を自ら選び決断する場面です。
　決断するためには、自分のなかに拠りどころが必要です。自分で納得したうえでの決断ならば、たとえその先に続く道が困難でも、前を向いて進んでいけます。
　「どちらを選んだか」の結果よりも、「何をもってどう選んだか」が、選択のシーンにおいては重要なのです。
　複数の道のどれもが自分のキャリアにおいて捨てがたい道であったときに、自分のおかれた環境や家庭の事情、人間関係なども複雑に絡んでいるなかでの決断には悩むものです。
　そんなときに選択の基準となるのは、「これまで自分は何を大切に生きてきたのか」という原点となる思いです。ポートフォリオのなかに自分の大事にしてきた"何か"がきっと見出せます。

5 選択のシーン

人生の分岐点、何を大切にして選ぶか

**選択のシーン**

## 「選択のシーン」に活かすポートフォリオ

　選択の拠りどころとなるゆるぎないものを自分のなかにもつことが、**選択のシーン**の鍵です。これまで歩んできた道で大切なものをもっていれば、決断に自信がもてます。その自信が、選んだ道を行く自分の足どりをたしかなものにしてくれるはずです。自分のゆるぎない基準となるベンチマークをポートフォリオのなかに見出しましょう。

### 経験の棚卸しで自信を深める

　自分の経験や考え、気持ちを棚卸しするつもりで、ポートフォリオをめくり返してみましょう。自分を再確認することで自信が深まります。自分に関心を向けながら、さらによく見返せば、潜在力や可能性もみえてくるでしょう。

　目の前にある選択肢に対して、自分はどんな気持ちを抱いているのか、自分の資質や経験がそれぞれの道でどんなふうに活かせるのか、そこから何を自分は学ぼうとしているのか……。ポートフォリオをパートナーに、セルフコーチングをしてみてください。

### 自分が大事にしたいものを明らかにする

　備えもできていないときに思いがけず分岐点に直面するととまどいますが、自分が大事にしたいものを自覚できていれば、冷静になって考えることができます。ポートフォリオに蓄積してきた自分をふりかえれば、そのなかに自分が大事にしてきたものがみえてきます。

　それをもとに、「これまで大事にしてきたこと」を「これからも大事にできる」ような選択をすればよいのです。自分にとって何が価値あることなのかをポートフォリオのなかに見出して、決断することができます。

## 具体的な支援やアドバイスが得られる

　自分という人間を的確に伝えることのできるポートフォリオがあれば、あなたがどういう人であるかがほかの人にもリアルにわかります。決断に役立つ具体的な支援や適切なアドバイスを、他者からもらうことが可能になります。

# 「選択のシーン」におけるセルフコーチング

### ▶ 大事にしたいものを明らかにするコーチング

　自分が大事にしてきた仕事に対する思いやポリシーを明らかにしましょう。どんな思いや考えをもって行動してきたのかを、そのときの状況や感情、能力を含めてふりかえります。それによって自分を貫いている芯は何であるか、内に何をもっているかを顕在化させることが目的です。

- C なぜ、今、分岐点が目の前に現れたのだと思う？

- C 分岐点がみえてきたということは、自分がどうなったから？

- C ほかに、どんな道がみえる？

- C これまで、何を大事に行動してきただろう？

- C これだけは失いたくない、というものは何？

- C これから先も大事にしたいことは何？

## 分岐点の前後を多面的にとらえるコーチング

　複数のゴールが目の前にあり選択を迫られている今、俯瞰して多方向からリフレーミング・コーチングして、選択の決断に求められている要素を明らかにします。

- C　どんな道がみえる？

- C　それぞれの道の先には何がある？

- C　今まで大事にしてきたことを、この先の道でも大事にできそう？

- C　その道を選んだときに得るものは何？　失うものはある？

- C　それぞれの道の1年後、3年後、10年後の自分は何をしている？

- C　それぞれの道の1年後、3年後、10年後の自分はどんな人になっている？

- C　それぞれの道の1年後、3年後、10年後の自分から、今の自分はどうみえる？

- C　人生の選択のシーンに立つ今の自分に、1年後、3年後、10年後の自分から何と声をかける？

# 6

# 復帰のシーン
## 休止期間をポジティブに活かす

> **想定されるシーン**
> 病気　介護　子育て等による休職後の復帰　など

　人生は予想どおりにいかないことが多々あります。順調にキャリアを歩んでいた矢先に病気に見舞われたり、介護や子育てに専念する必要に迫られたりして、仕事をいったん辞めざるをえないこともあります。

　**復帰のシーン**は、こうしたブランクのあとに復職したり、学業を再開したりする局面です。ほかの人がバリバリ働き、スキルアップしてキャリアを積み重ねていることを思うと、焦燥感を覚えるものです。けれど、仕事を離れているあいだも、それは空白という意味のブランクのときでもなければ、何もしなかったオフのときでもありません。

　仕事の知識やスキルは重ねられなくとも、長い目でキャリアストーリーを眺めてみれば、仕事や学業から離れざるをえなかった期間にこそ、人間として成長したといえる意味や価値があるものです。

　中断や休止の期間は、それまでの自分をみつめ、この先をどう生きていくかをじっくり考えるために用意された特別な時間だと受けとめてみることもできます。

6 復帰のシーン

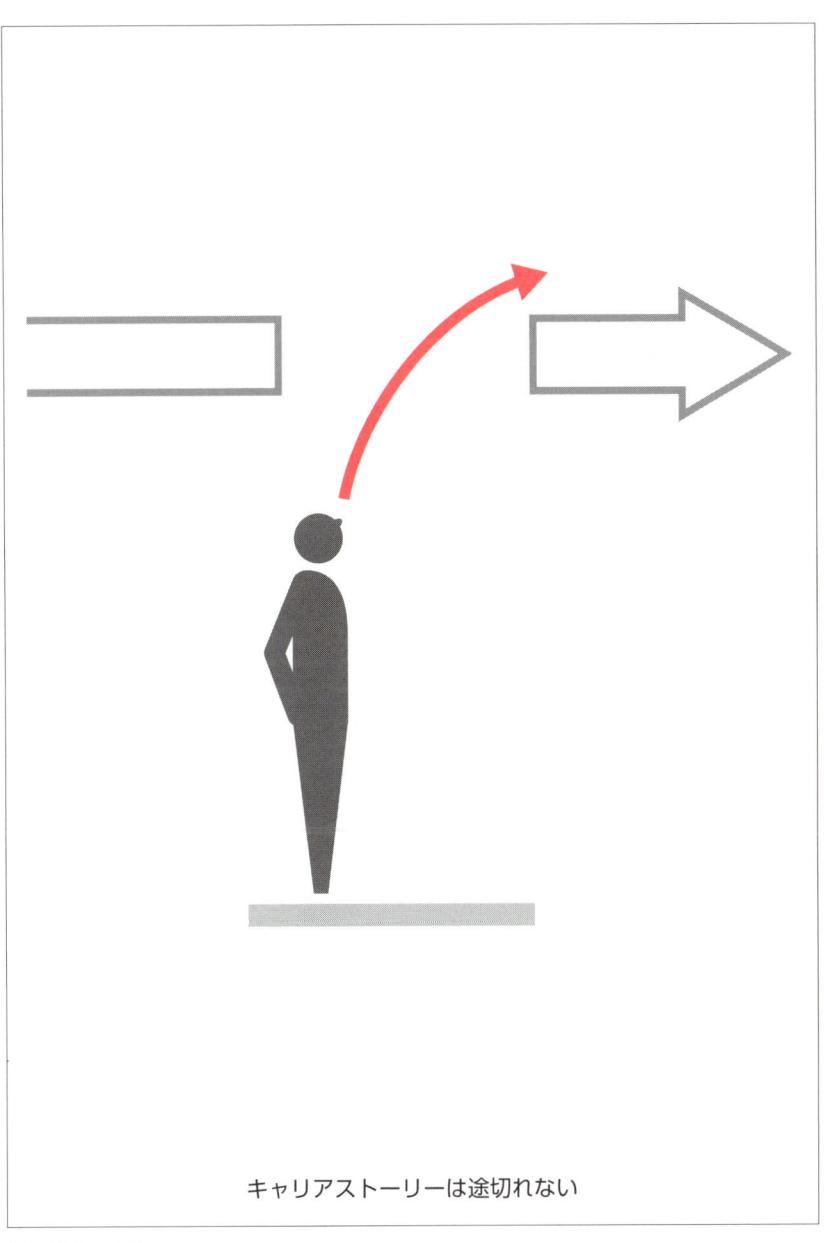

キャリアストーリーは途切れない

復帰のシーン

## 「復帰のシーン」に活かすポートフォリオ

　ポートフォリオを活用して、中断や休止期間のもつポジティブな側面を浮き彫りにします。オフのあいだもテーマを設定してポートフォリオをつくり続け、事あるごとにみることが、次につながる前向きな力を蓄えることになります。

### ―― オフの経験を価値づける

　仕事を離れているあいだも、自分のキャリアが途切れてしまったわけではありません。オフの期間の経験や気づきも、その人ならではのキャリアストーリーを描くうえで、重要な部分となるのです。
　たとえば、親の在宅介護をしてみて、初めてわかることがあるものです。その日の天候や気候、同居する人の行動や態度が、介護される当人の食欲や排泄などを含めた体調全体にいかに影響するものであるかは、経験してこそ実感を伴って理解できることでしょう。看護や介護の職にある人ならば、その経験から得た気づきはどんなに価値あることでしょうか。看護や介護という、それまでのキャリアに関係した出来事にかぎらず、普段の生活のなかにも気づきはたくさんあるはずです。
　休職期間中の経験や気づき、考えたことや気持ちを、ポートフォリオに入れていけば、休止期間中がただのブランクではなかったことがわかり、その経験に意味を見出すことができるでしょう。新たな目標がみえてくるかもしれません。
　また、専門的スキルの修得や研究などは、オフのときには中断するかもしれませんが、それ以上に人間として価値のある、思いやりや感性や洞察力などが、自分に備わっていくときでもあります。その成長を書き出して、ポートフォリオに入れておきましょう。

### ── 自分のこれまでとありたい未来を冷静にみつめる

　ポートフォリオを継続してつくり続けていれば、自分が変わらずキャリアストーリーの途上にあることを実感できます。

　離職中にそれまでのキャリアが失われるわけでもなければ、自分が何ももたずに復帰しようとしているわけでもないことに気づきます。仕事の現場で得たものだけにかぎらず、ポートフォリオのなかに入っているものがすべて、ここから先の自分のキャリアを一層充実させてくれる足場であることを、はっきり実感できるでしょう。俯瞰による可視化は力と冷静さを与えてくれます。

　ブランクに対して焦ることはありません。自分の経験を足場にして、これからのキャリアを冷静に考えていきましょう。

### ── 復帰に向けた準備を具体化する

　復帰するにあたって自分に必要なものは何かを考え、書き出して、ポートフォリオにその手がかりや資料などを入れていきましょう。また、これまで蓄積してきた知識やスキルを確認して、今、何にどう取組むべきかを整理します。

　復帰に向けて計画的に準備ができれば、いたずらに焦ることもありません。休止の期間は復帰後をどう生きるかをじっくり考えるための時間ととらえてみましょう。

# 「復帰のシーン」におけるセルフコーチング

### ▶ オフの経験の意味を発見するコーチング

　オフのあいだは、それまでにはなかった、豊かで価値あるものがポートフォリオに入るチャンスでもあります。キャリアストーリーの大切なワンシーンであることを念頭に、セルフコーチングしてみましょう。休止期間中の実りを、余すことなく収穫しましょう。

- C　仕事を離れて、初めて経験できたことは何？

- C　その経験から、気づいたことは何？

- C　今考えると、それにはどんな意味があったといえる？

- C　その経験で、いちばん印象に残ったことはどんなこと？

- C　なぜ、印象に残るようなインパクトがあったの？

- C　休職中に何かできるようになったことはある？　それは何？

- C　それは復帰後にどう活かせそう？

- C　これまでの自分と、オフの今の自分、何が変わった？

- C　オフの経験から学んだことは何だろう？

- C　それは、これから先どんなときに、どう活きてくると思う？

### ▶ 復帰に向けた計画を具体化するコーチング

　ポートフォリオを見ながら、「これまでに得たもの」と「大事にしたいもの」を確かめます。そのうえで「復帰後に必要なもの」を明らかにして、復帰までの具体的な計画と準備ができるようにセルフコーチングします。

C 　仕事をしていたときの自分が身につけたことは何？

C 　これまで、いちばん大事にしてきたことは何？

C 　これからも大事にしたいことは何？

C 　復帰する現場が自分に求めるものは何だろう？

C 　今の自分は、復帰する現場のニーズをどれくらい満たしている？

C 　今の自分に足りないものは何？

C 　それを、どんな方法で身につける？

C 　そのための具体的な目標は？

C 　その目標を達成するために必要なものは何？

···· COLUMN

**キャリアポートフォリオをつくろう**

　事情があって仕事から離れてしまったあなたに職場復帰を望んでいるのは、あなただけではなく、上司や雇用者も同じかもしれません。しかし、内心では、「現場の期待に応えられるかどうか」という不安も、あなたと同様に組織の側にも多少あるでしょう。

　そんなとき、離職する前の自分がみえるポートフォリオと、休職期間中の自分を伝えられるポートフォリオがあれば、雇用者にとっても、あなたがどういう人で何ができるのかをあらためて知り、それをもとに現実的な計画を立てられるので、とても助かるはずです。

　自分のこれまでをエピソードとともに伝えられるキャリアポートフォリオをつくりましょう。

···· COLUMN

**ストーリーは途切れない、キャリアも途切れない**

　成長したいという意志があるかぎり、ストーリーは途切れません。

　未経験の部署に異動の辞令が出ても、家族の介護や育児などでしばらく離職することになっても、自分のキャリアビジョンをストーリーとして描くことができていれば、けっしてキャリアは途切れることはありません。

　変化のときこそ、ぐんと奥行きが増すのがキャリアストーリー。仕事を離れて経験した貴重なシーンをキャリアストーリーのなかにどう価値づけることができるか。セルフコーチングの腕の発揮しどころです。

# さあ始めよう
# キャリアポートフォリオ実践シート集

---

- ゴールシート
- 『ニーズとシーズ』シート
- キャリアプラットフォーム
- １年間の『成長エントリー』シート　1/2
- １年間の『成長エントリー』シート　2/2
- 『プロセス思考』シート

※拡大コピーをして活用してみてください。

資質発見・未来構想・自己紹介・就活面接・目標実現のために
## パーソナルポートフォリオをつくろう！
心をとらえているもの（関心）・自分がやってきたこと（経験）・未来への願い（希求）

### パーソナルポートフォリオとは？

ポートフォリオ（Portfolio）：直訳すると紙ばさみ、建築家やデザイナーの作品集。これまでやってきたこと、身につけたこと、自分の持ち味や関心、センスやビジョンなどが伝わる1冊のファイル。

### 作り方

☐ A4判のファイル（クリアポケットファイルなど）を用意する。
☐ PCや書棚、机の引き出し、アルバムなどから素材を集め、気になったらとにかく入れる。
☐「自分をほめながら集める」のがコツ。「よく頑張った！」「このときは楽しかった！」と自分がやってきたことを楽しくふりかえりながら入れていく。ぼろぼろになったノート、手紙、写真、包みのリボンなど心が動くモノも入れる。

### ルール

①入れるものには必ず「日付」「出典」「場所」などを添える（情報には確かさ、根拠が必要となる）
②前から順番に「時系列」で入れる
③そのとき「考えたこと、気づいたこと」「感情・気持ち」をメモして添えておく

### こんなものを入れてみよう

①自分の「願い」「目標」を書いた「ゴールシート」を1ページ目に入れる
②自分の「得意なこと」「好きなもの」「関心があるもの」（写真・雑誌の記事など）
③自分がこれまでやってきたこと（学会発表、研修資料、読書歴、ボランティア歴など）
④今の自分をつくったもの（習いごとの記録、講習会、学会など、関連する領収書など）
⑤自分がつくったもの（論文、作品、レシピ、絵など）
⑥自分がこれまで手にいれてきたもの（表彰状、寄せ書き色紙、手紙など）、学んだこと、研修資料など

### ★あなたのよさを伝える最高の自己紹介ツールとして★

ポートフォリオをつくると、自分のいいところや個性を発見できるだけでなく、意欲がわき、目標に向かって進む原動力になります。まずはつくってみましょう！

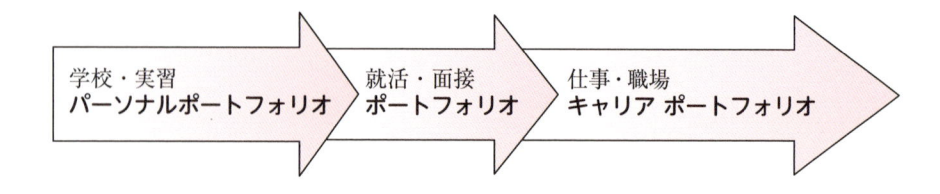

学校・実習
**パーソナルポートフォリオ** → 就活・面接
**ポートフォリオ** → 仕事・職場
**キャリアポートフォリオ**

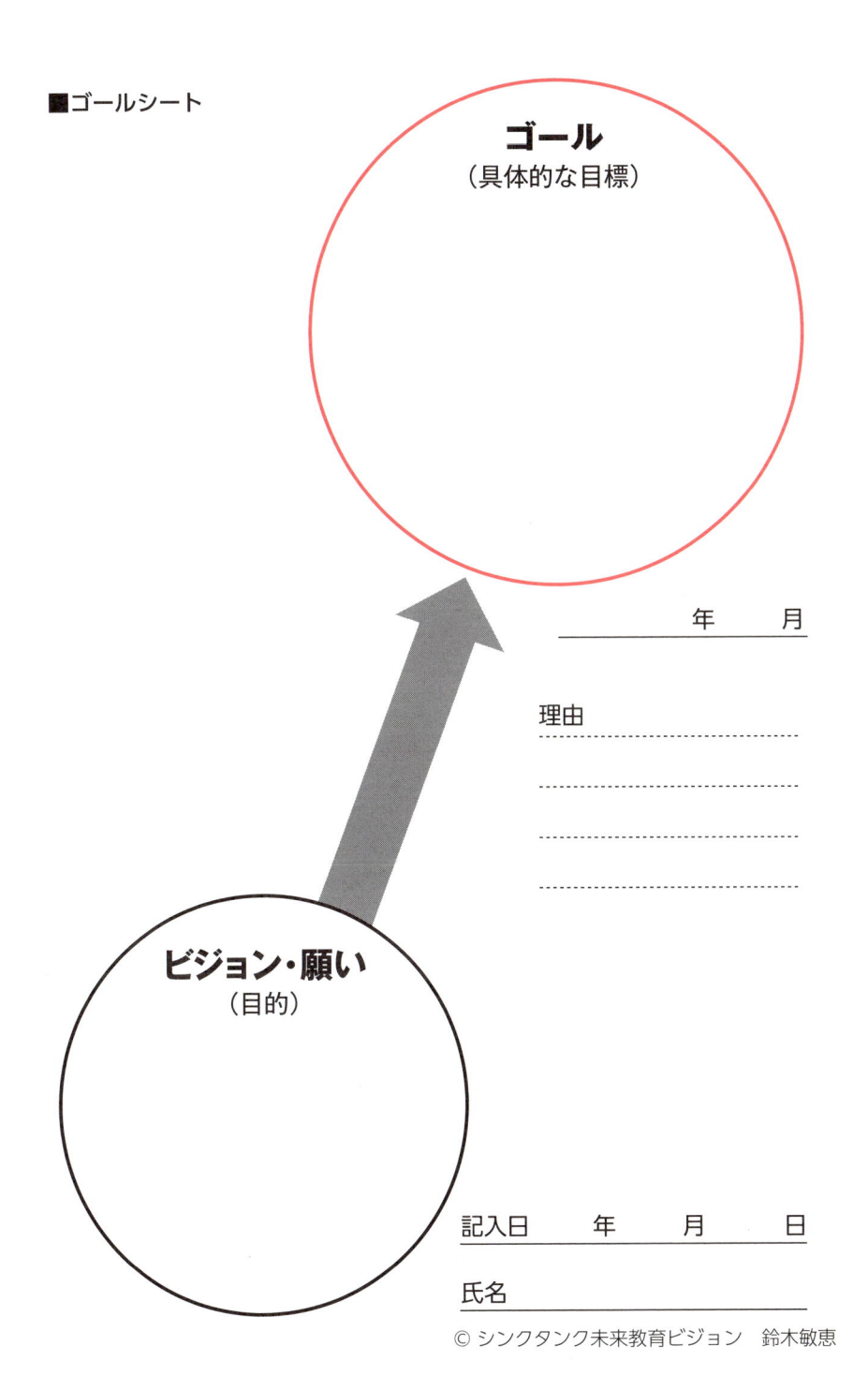

■ゴールシート

**ゴール**
（具体的な目標）

_____年_____月

理由
........................................
........................................
........................................
........................................

**ビジョン・願い**
（目的）

記入日　　年　　月　　日

氏名_____

© シンクタンク未来教育ビジョン　鈴木敏恵

## ニーズとシーズを理解しよう

　シーズとは種、ビジネス界などでつかわれる表現です。その成果や製品、技術などの元となるアイデア、能力、体制、システム、技能、ノウハウなどを意味します。(p.75 参照)

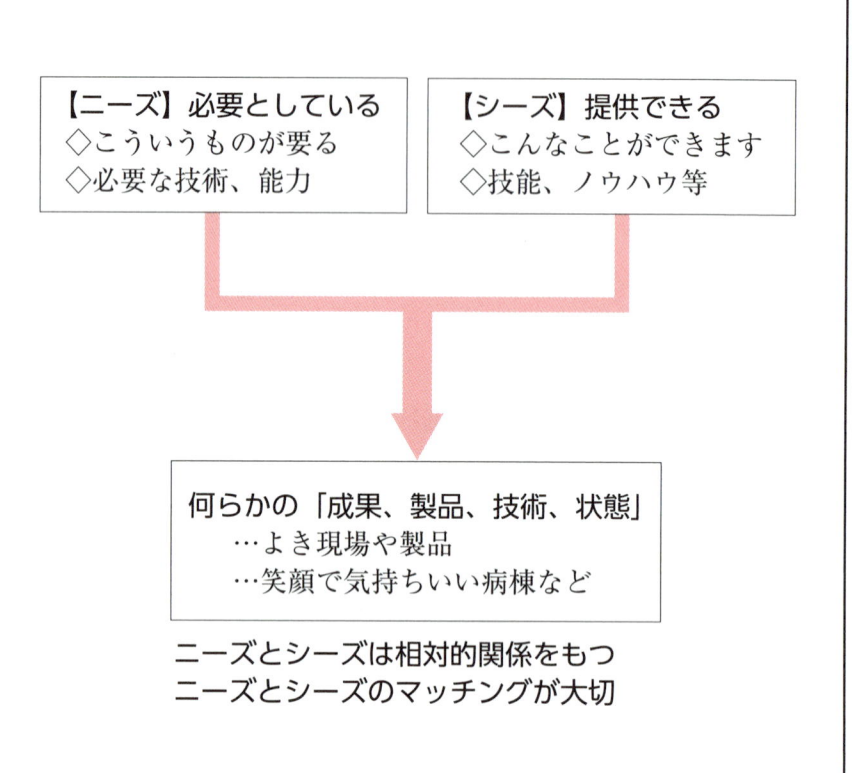

【ニーズ】必要としている
　◇こういうものが要る
　◇必要な技術、能力

【シーズ】提供できる
　◇こんなことができます
　◇技能、ノウハウ等

↓

何らかの「成果、製品、技術、状態」
　…よき現場や製品
　…笑顔で気持ちいい病棟など

ニーズとシーズは相対的関係をもつ
ニーズとシーズのマッチングが大切

■『ニーズとシーズ』シート

| ニーズ | シーズ | 学習機会 |
|---|---|---|
| 希望する先で求められているもの | 今の私が提供できる能力やスキル | 必要な知識・スキル・資格 |
|  |  |  |
|  |  |  |

© シンクタンク未来教育ビジョン　鈴木敏恵

## ◎「キャリアプラットフォーム」のつかい方

- シートの上部は年月が記入してあります。4月から翌年3月の1年間という期間設定もできれば、長期にわたるキャリアストーリーをひと目で見渡せるように10～15年間の設定にすることも可能です。
- a欄には、自分がやってきた特筆すべき仕事や経験を記入します。
  仕事上の大きな経験ばかりでなく、日々の丁寧な積み重ねや、失敗したことなどでもよいでしょう。
- b欄には、a欄の「仕事や経験」を通して獲得した知識やスキルなど、「身につけた知」を書き入れます。あるいは、「これから獲得したい知」を記入します。
  何かをすれば何かが身につきます。a欄に書いた経験や仕事や出来事からどんなことを得たのか、身についたのかをあらためて考えていきます。
- c欄には、b欄の「知」をさらに獲得するためにはどういう手段で学ぶのかを書きます。また、その期間や予定を記入します。たとえば「○○研修に参加する」「スマホの○○アプリで学ぶ」「自己研鑽」などの研修や学びの方法と、その期間や予定を記入します。
- たとえば毎月1回ポートフォリオを開いて、「キャリアプラットフォーム」に書き込みます。記入後にポートフォリオに入れて、目標到達までをチェックしていくというつかい方ができます。

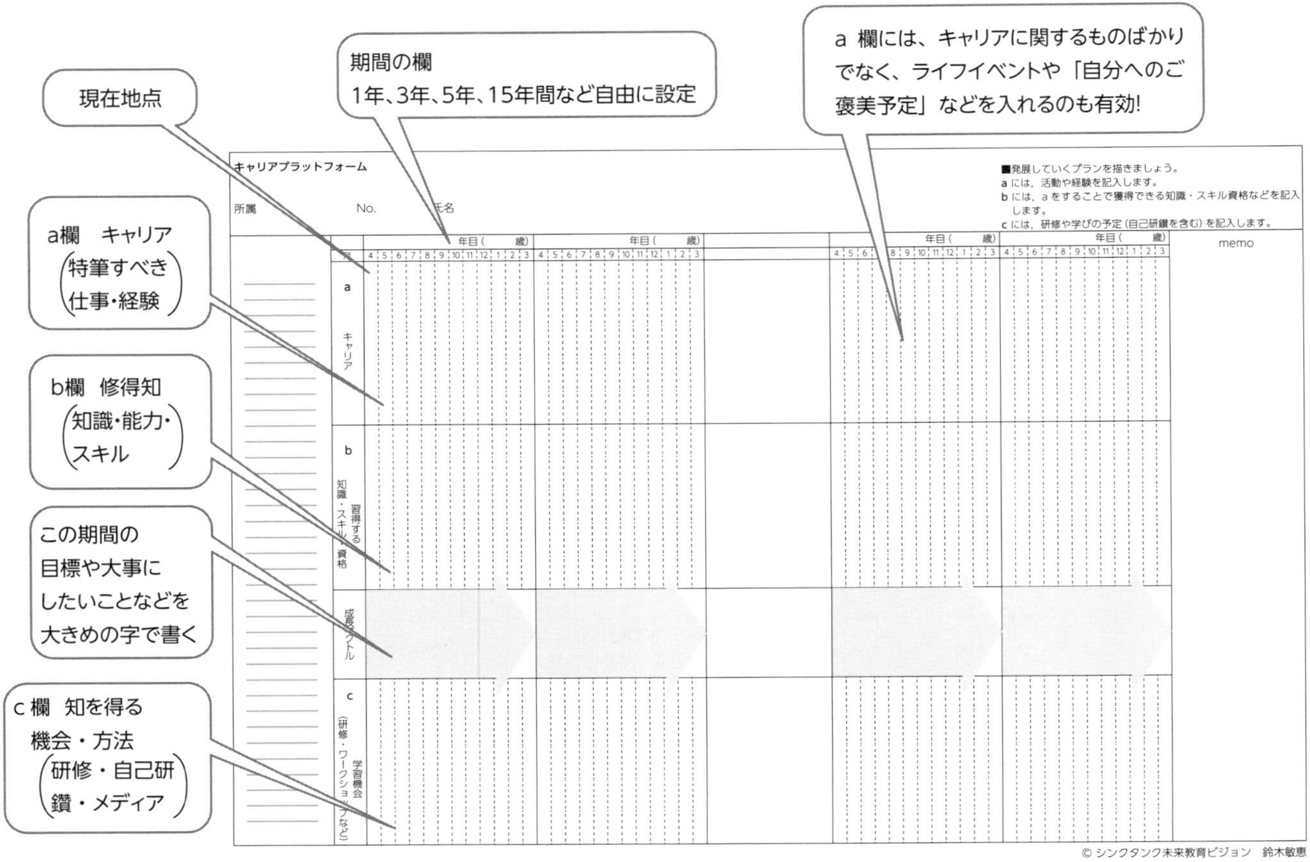
現在地点
期間の欄
1年、3年、5年、15年間など自由に設定
a 欄には、キャリアに関するものばかりでなく、ライフイベントや「自分へのご褒美予定」などを入れるのも有効!
キャリアプラットフォーム
所属
No.
氏名
■発展していくプランを描きましょう。
a には、活動や経験を記入します。
b には、a をすることで獲得できる知識・スキル資格などを記入します。
c には、研修や学びの予定（自己研鑽を含む）を記入します。
年目（　　歳）
memo
a キャリア
b 習得する知識・スキル・資格
成長ベクトル
c 学習機会（研修・ワークショップなど）
a欄　キャリア（特筆すべき仕事・経験）
b欄　修得知（知識・能力・スキル）
この期間の目標や大事にしたいことなどを大きめの字で書く
c 欄　知を得る機会・方法（研修・自己研鑽・メディア）
© シンクタンク未来教育ビジョン　鈴木敏恵

# ■キャリアプラットフォーム

## キャリアプラットフォーム

所属　　　　　　No.　　　　氏名

| | | 年目（　　歳） | 年目（　　歳） |
|---|---|---|---|
| | 月 | 4,5,6,7,8,9,10,11,12,1,2,3 | 4,5,6,7,8,9,10,11,12,1,2,3 |
| ＿＿＿＿＿＿＿＿＿＿＿＿＿＿＿＿＿＿＿＿＿＿＿＿＿＿＿＿ | a<br>キャリア | | |
| ＿＿＿＿＿＿＿＿＿＿＿＿＿＿＿＿＿＿＿＿＿＿＿＿＿＿＿＿ | b<br>習得する知識・スキル・資格 | | |
| | 成長ベクトル | ⟹ | ⟹ |
| ＿＿＿＿＿＿＿＿＿＿＿＿＿＿＿＿＿＿＿＿＿＿＿＿＿＿＿＿ | c<br>学習機会<br>（研修・ワークショップなど） | | |

■発展していくプランを描きましょう。
**a** には，活動や経験を記入します。
**b** には，a をすることで獲得できる知識・スキル資格などを記入します。
**c** には，研修や学びの予定 (自己研鑽を含む) を記入します。

|  | 年目（　　歳） |  | 年目（　　歳） | memo |
|---|---|---|---|---|
| | 4 5 6 7 8 9 10 11 12 1 2 3 | | 4 5 6 7 8 9 10 11 12 1 2 3 | |

© シンクタンク未来教育ビジョン　鈴木敏恵

1年間の『成長エントリー』シート　　　1/2

所属　　　　氏名

1　私の成長（身につけた力）ベスト3　　★目にみえる力　☆目にみえない力

| |
|---|
| 1）★ |
| 2）☆ |
| 3） |

2　この1年で身につけた力を、どのようなシーンで活かしますか？

1）★

2）☆

3）

© シンクタンク未来教育ビジョン　鈴木敏恵

| 1年間の『成長エントリー』シート | 2/2 |

所属　　　　　　氏名

■この1年のポートフォリオを俯瞰し、自分の「成長」を書き出しましょう。

※成長には目にみえるもの(★)と、目にみえないもの(☆)があります。目にみえる成長とは、できるようになった技術や取得した資格など、目にみえない成長とは、他者の気持ちを洞察できる力など人間的成長のことです。

- 
- 
- 
- 
- 
- 
- 
- 
- 
- 
- 
- 
- 
- 
- 
- 
- 
- 
- 
- 

© シンクタンク未来教育ビジョン　鈴木敏恵

◎**思考プロセスモデル**

| 課題発見から課題解決へのコーチングの考え方 |
|---|

よりよきビジョンを描き、実現するための課題を見出す
〜違う見方でみる、とらえる…選択肢を最大限増やす〜

「どうだったらいいの？」　　　　　　ありたい状態(ビジョン)を誘発するコーチング
　　　↓
「いまはどうなの？」　　　　　　　　現状認識させるコーチング
　　　↓
「そのギャップ(課題)はなに？」　　　課題発見をうながすコーチング
　　　↓
「その要因はなんだろう？」　　　　　要因・因果へ意識を向けるコーチング
　　　↓
「どうしてそうなるのかな？」　　　　原因究明へつなげるコーチング
　　　↓
「〇〇からみたら？」　　　　　　　　多面的な視点をもたせるためのコーチング
　　　↓
「じゃあ、どうしたら解決すると思う？」課題解決のアイディアを創発するコーチング
　　　↓
「ほかには？」★　　　　　　　　　　たくさんの選択肢を生み出すコーチング
　　　↓
「なるほど！　ほかにもあるかな？」★ たくさんの選択肢を生み出すコーチング
　　　↓
「いちばん有効なのは？」　　　　　　俯瞰で意思決定を促すコーチング
　　　↓
「なぜそう言えるんだろう？」　　　　論理性を問うコーチング
　　　↓
「その根拠は？」　　　　　　　　　　エビデンスを確認するコーチング
　　　　：(略)
「いまここでできる最もよい妥協　　　現実をおさえ妥当なことを意思決定するため
ラインは？」　　　　　　　　　　　　のコーチング

・・・・・・・・・・・・・・・・・・・・・・・・・・・・・・・・・・・・・・・・・

★POINT：『ほかには』とくりかえし『選択肢』をたくさん生み出そう
　　　　　　すると　→　選択肢がたくさん目の前に生まれる
　　　　　　それを　→　俯瞰する
　　　　　　選択する→「いちばん有効なのは何？」とコーチングして決定する

© シンクタンク未来教育ビジョン　鈴木敏恵

■思考プロセスシート

課題発見から課題解決へのセルフコーチング

「それ、どうだったらいいの？」
　　　　　　　『　　　　　　　　　　　　　　　　』
　　　　　　　↓
「いまはどうなの？」
　　　　　　　『　　　　　　　　　　　　　　　　』
　　　　　　　↓
「そのギャップ（課題）はなに？」
　　　　　　　『　　　　　　　　　　　　　　　　』
　　　　　　　↓
「その要因を書き出そう」
　　　　　　　『　　　　　　　　　　　　　　　　』
　　　　　　　↓
「ほかには？」
　　　　　　　『　　　　　　　　　　　　　　　　』
　　　　　　　↓
「主要因は？」
　　　　　　　『　　　　　　　　　　　　　　　　』
　　　　　　　↓
「その要因を取り除くアイディアは？」
　　　　　　　『　　　　　　　　　　　　　　　　』
　　　　　　　↓
「なるほど！　ほかにもあるかな？」
　　　　　　　『　　　　　　　　　　　　　　　　』
　　　　　　　↓
「いちばん有効なのは？」
　　　　　　　『　　　　　　　　　　　　　　　　』
　　　　　　　↓
「なぜそう言えるんだろう？」
　　　　　　　『　　　　　　　　　　　　　　　　』
　　　　　　　↓
「その根拠は？」
　　　　　　　『　　　　　　　　　　　　　　　　』
　　　　　　　：（略）
「いまここでできる最もよい妥当な提案は？」
　　　　　　　『　　　　　　　　　　　　　　　　』

© シンクタンク未来教育ビジョン　鈴木敏恵

**あとがきにかえて**

## 人生にマイルストーンを設けて、自分を祝福する日に ──

日々にはいろいろなことがあり、時はあっという間に移り過ぎます。
だから、マイルストーンを人生に設けてみてはどうでしょう。
1年に1回、たとえば誕生日など自分で日を決めて、
立ち止まってポートフォリオを静かにめくる日にします。

その日は、ポートフォリオをめくりながら、自分をただただほめる日です。
テーブルの上に紅茶を用意して、ポートフォリオのはじめのページからゆっくりとめくってみます。

ここまで来たんだ！
あぁ、このときよくがんばった！
これをしてよかったな！
これはいい出会いだったな！
このことが私をすごく成長させてくれたんだ！

そんなページをみつけて、その個所に付箋をつけて、喜び、祝います。
落ち込んでしまうような反省はしません。
存分にうれしい気持ちを味わいながら、自分で自分をほめましょう。

ポートフォリオをめくりながら、自分を称え、ささやかなお祝いをする日。
そんな人生のマイルストーンを設けてみませんか。

# 著者プロフィール

**鈴木敏恵**（すずき・としえ）
　Architect　シンクタンク未来教育ビジョン代表、一級建築士、未来教育クリエイター。

　東京生まれ。1998年インテリジェント化された未来型学び舎にて『日本計画行政学会賞』特別賞受賞。オブジェ「内なる宇宙への昇華」にて『第六回本郷新賞』札幌彫刻美術館主催／後援文化庁ノミネート。THE21（PHP研究所）『21世紀のキーパーソン100人』掲載。『ここから見える未来教育！学校制度120年記念 企画プロデュース1992』主催：文部省。
　「意志ある学び」を理念とし、未来教育プロジェクト学習やポートフォリオを手法とし、考える力、課題発見力、課題解決力、洞察力などを高める研修を全国で展開している。教育界、医療界、自治体など公的機関の指導者養成、人材育成などの分野でも広く活躍。プロジェクト手法による目標管理、新しい評価観などを提案、指導やプロジェクト手法を成功させる全体構想コンサルタント、企画、実践までの支援を行う。
　公職歴：内閣府中央防災会議（災害避難）（人材育成）委員。内閣総理大臣賞「ものづくり日本大賞」審査員。千葉大学教育学部特命教授・東北大学非常勤講師（PBLによる高度イノベーション博士育成）・放送大学非常勤講師（専門：心理と教育）・島根県立看護短期大学客員教授・日本赤十字秋田看護大学大学院看護学研究科非常勤講師他
文部科学省「言語活動を重視した課題解決能力／プロジェクト学習とポートフォリオによる研修プログラム開発——コーチングによるコンピテンシー育成」H23年度委託。

著書
・マルチメディアで学校革命：心を開く知の環境へ・建築家からの提言，小学館，1996.
・ポートフォリオで評価革命！：その作り方・最新事例・授業案，学事出版，2000.
・ポートフォリオで進路革命！：就職＆進学成功・インターンシップ・評価指標，学事出版，2002.
・こうだったのか‼ポートフォリオ：「総合的な学習」「教科」-成長への戦略：思考スキルと評価手法，学習研究社，2002.
・自分発見ポートフォリオ解説書：未来への可能性をひらく！，教育同人社，2003.
・進路成功ポートフォリオ解説書：自分を活かして未来をget!，教育同人社，2003.
・未来を開くプロジェクト集：みんなの願いをかなえるために！，学習研究社，2005.
・パーソナルポートフォリオ：自分は地球にひとり！，学習研究社，2005.
・目標管理はポートフォリオで成功する：看護管理・学校運営のためのモチベーションマネジメント，メヂカルフレンド社，2006.
・ポートフォリオ評価とコーチング手法：臨床研修・臨床実習の成功戦略！，医学書院，2006.
・夢ファイル：自分が好きになる自信がわく願いがかなう，日本実業出版社，2008.
・ポートフォリオとプロジェクト学習：看護師の実践力と課題解決力を実現する！，医学書院，2010.
・プロジェクト学習の基本と手法：課題解決力と論理的思考力が身につく，教育出版，2012
・アクティブラーニングをこえた看護教育を実現する：与えられた学びから意志ある学びへ，医学書院，2016.
・AI時代の教育と評価：意志ある学びをかなえるプロジェクト学習 ポートフォリオ 対話コーチング，教育出版，2017.　　ほか多数

キャリアストーリーをポートフォリオで実現する

2014年4月20日　第1版第1刷発行　　　　　　　　　　　　　　　<検印省略>
2019年6月15日　第1版第3刷発行

著　者　鈴木敏恵
　　　　すずきとしえ
発　行　株式会社 日本看護協会出版会
　　　　〒150-0001 東京都渋谷区神宮前5-8-2　日本看護協会ビル4階
　　　　〈注文・問合せ／書店窓口〉TEL/0436-23-3271　FAX/0436-23-3272
　　　　〈編集〉TEL/03-5319-7171
　　　　http://www.jnapc.co.jp
装丁・イラスト　山口清隆
印　刷　株式会社フクイン

本書の一部または全部を許可なく複写・複製することは
著作権・出版権の侵害になりますのでご注意ください。

©2014　Printed in Japan　ISBN 978-4-8180-1841-9